TRAITÉ ÉLÉMENTAIRE

PRATIQUES

à l'usage des Écoles de Garçons

Ouvrage couronné au Concours ouvert par le Conseil Général
et honoré d'une souscription départementale

Par E. FORTIER. ※

Ancien Président et Trésorier honoraire de la Société centrale d'Agriculture
de la Seine-Inférieure
Président honoraire du Comice Syndical agricole
de l'arrondissement de Rouen
Secrétaire de la Chambre consultative d'Agriculture de l'arrondissement de Rouen
Vice-Président des Courses de Rouen, Vice-Président de l'Union
des Syndicats agricoles de l'Ouest
Membre de plusieurs Sociétés d'agriculture et d'horticulture.

Travaillez, prenez de la peine,
C'est le fonds qui manque le moins

Imprimerie Émile DESHAYS et Cie
58. rue des Carmes.

1889

8° S
6300

TRAITÉ ÉLÉMENTAIRE

D'AGRICULTURE ET D'HORTICULTURE

TRAITÉ ÉLÉMENTAIRE

D'AGRICULTURE & D'HORTICULTURE

PRATIQUES

—

à l'usage des Écoles de Garçons

—

Par E. FORTIER, ✸

Ancien Président et Trésorier honoraire de la Société centrale d'Agriculture
de la Seine-Inférieure
Président honoraire du Comice-Syndicat agricole
de l'arrondissement de Rouen
Secrétaire de la Chambre consultative d'Agriculture de l'arrondissement de Rouen
Vice-Président des Courses de Rouen, Vice-Président de l'Union
des Syndicats agricoles de l'Ouest
Membre de plusieurs Sociétés d'agriculture et d'horticulture.

Travaillez, prenez de la peine,
C'est le fonds qui manque le moins

ROUEN

Imprimerie Émile DESHAYS et Cᵉ

58, rue des Carmes.

—

1880

AVANT-PROPOS

Il n'est peut-être pas sans intérêt, pour constater les progrès que l'enseignement élémentaire agricole et horticole a faits dans la Seine-Inférieure, de remonter jusqu'à l'époque à laquelle les Sociétés ont commencé à comprendre dans leurs programmes des récompenses spéciales destinées à encourager les efforts des Instituteurs, ces modestes mais précieux auxiliaires, sur le concours et le dévouement desquels elles savaient d'avance pouvoir compter.

C'est le Comice agricole de l'arrondissement de Rouen qui, le premier, je crois, prit en 1869, l'initiative d'un concours à ouvrir entre les Instituteurs de l'arrondissement qui consentiraient à donner des leçons d'agriculture à leurs élèves.

Son appel fut entendu, mais, pendant plusieurs années, les concurrents restèrent peu nombreux; des difficultés réelles se présentaient; elles résultaient d'un manque de direction dans le programme d'enseignement qui, variant selon les écoles, rendait très difficiles les appréciations comparatives des Commissions d'examen chargées de l'attribution des récompenses; d'un autre côté, les matières agricoles et horticoles n'étant point comprises dans le programme de l'enseignement primaire, les leçons devaient être faites en dehors des heures de classe.

Afin de faire disparaître, en partie du moins, quelques-unes de ces difficultés, le même Comice adressait, quelques années plus tard, aux Instituteurs de l'arrondissement, un programme qu'il avait rédigé et qu'il avait restreint aux questions se rapportant à l'agriculture locale. Ainsi mieux défini, le but fut mieux compris par les Instituteurs; les élèves furent mieux préparés; le nombre des concurrents augmenta à ce point qu'il devint nécessaire de diviser l'arrondissement en trois zones composées chacune de trois cantons, et d'alterner chaque année le concours entre elles.

Les résultats obtenus dans les écoles de garçons étaient des plus encourageants; aussi le Comice, appréciant le rôle si important que la femme est appelée à remplir dans toute exploitation agricole, confiant dans le zèle et le dévouement des Institutrices, décidait-il, en 1882, que des récompenses seraient également distribuées pour l'enseignement agricole donné aux jeunes filles; un programme approprié fut envoyé aux Institutrices, et le Comice fut heureux de constater que, là encore, ses espérances s'étaient réalisées, et qu'un succès des plus satisfaisants avait couronné cette tentative.

Grâce à la bienveillance de M. le Ministre de l'Instruction publique, grâce aussi à la libéralité de généreux donateurs qui lui accordèrent d'importantes subventions, le Comice a pu augmenter, chaque année, le nombre et la valeur des prix pour l'enseignement élémentaire de l'agriculture et donner ainsi à ceux qui secondaient ses vues d'une façon si efficace, un témoignage de sa sollicitude et de sa reconnaissance.

Cependant le Comice de Rouen n'était pas seul à se préoccuper de cette question très importante de l'éducation agricole des enfants des campagnes; presque toutes les autres Sociétés d'agriculture du département, adoptant son programme, ont, comme les Sociétés d'horticulture, également distribué des récompenses pour cet enseignement, qui ne peut que se développer davantage encore, maintenant qu'il est imposé dans toutes les écoles primaires et qu'il est devenu obligatoire pour l'obtention du brevet d'instituteur.

Le Conseil général a, de son côté, tenu à rendre plus facile la tâche des Instituteurs et des Institutrices; pour leur éviter la peine ou la fatigue de faire des recherches et des extraits dans les nombreux ouvrages qui traitent de la question, et, sur la proposition favorable de M. le Préfet, il a décidé de mettre au concours la rédaction de deux manuscrits élémentaires d'agriculture et d'horticulture basés sur le programme adopté par les Sociétés, et spéciaux, l'un aux écoles de filles, l'autre aux écoles de garçons.

22 mémoires ont été déposés; la Commission chargée de les examiner vient de rendre, son jugement. Son choix, pour les écoles de garçons, s'est arrêté sur le traité portant pour devise : « *Travaillez, prenez de la peine, c'est le fonds qui manque le moins* ». Ce choix a été ratifié par la Commission départementale qui, après avoir ouvert le pli contenant le nom de l'auteur, m'informait que le prix voté par le Conseil général dans sa séance d'août 1886, m'était attribué.

En préparant ce travail, je me suis conformé, autant que je l'ai pu, à la pensée si justement exprimée par le Conseil général lorsqu'il a demandé que les traités d'agriculture et d'horticulture destinés à l'enseignement primaire fussent conçus et rédigés sous une forme élémentaire et plutôt pratique que scientifique. Il ne faut pas perdre de vue, en effet, que les cours d'agriculture et d'horticulture, si utiles dans nos campagnes, sont destinés à des enfants dont les plus âgés ont rarement plus de 12 à 13 ans ; il fallait donc éviter de s'adresser à leur mémoire seule, en la surchargeant de termes, d'autant plus difficiles à retenir, qu'ils sont plus nouveaux ou d'une application pratique plus rare ; il m'a paru préférable de leur parler un langage simple et familier pour traiter d'une profession aux détails de laquelle ils sont journellement initiés, afin de préparer plus sûrement leur jeune intelligence à écouter et à mettre à profit les leçons, les indications scientifiques ou d'un ordre plus élevé qui pourront leur être enseignées dans la suite, soit dans les écoles d'agriculture, soit par les professeurs dans leurs conférences ou leurs publications, sur les phénomènes si variés de la végétation, de la nutrition des plantes, de l'amélioration, de l'alimentation du bétail, etc.

Cependant, et tout en observant cette réserve, j'ai cru utile d'entrer dans quelques développements et de ne pas me borner à indiquer, par exemple, le nom des instruments aratoires sans fournir, sur leur construction et leur emploi, quelques renseignements susceptibles d'en faire mieux saisir l'utilité; de même il m'a semblé convenable de donner, en énumérant les différentes espèces ou races d'animaux domestiques, quelques détails sur les avantages que présentent leur élevage et leur entretien, détails qui peuvent avoir une réelle importance au point de vue de la pratique agricole, non seulement pour les enfants qui fréquentent l'école, mais aussi pour un certain nombre de cultivateurs; du reste les maîtres pourront, s'ils le désirent, négliger ces détails dans leurs leçons.

L'enfant suit et retient plus facilement la leçon lorsqu'il peut en même temps juger et apprécier par les yeux la machine, l'instrument qui en fait l'objet ; aussi la pensée m'est-elle venue de semer dans ce petit traité des dessins destinés à fixer son attention, à ménager sa mémoire en même temps qu'à faciliter l'enseignement agricole aux Instituteurs dont nous avons très souvent l'occasion de constater le concours aussi éclairé que désintéressé, devenu plus que jamais utile et nécessaire, car, s'il est juste de reconnaître que l'agriculture, dans ces derniers temps, a réalisé de grands progrès, ceux qui lui restent à accomplir encore sont considérables, et pour y parvenir il est indispensable de pouvoir compter sur l'union de la science et de la pratique groupées dans un même et puissant effort.

Messieurs les Instituteurs,

Nous saisissons l'occasion de faire un nouvel et chaleureux appel à votre dévouement; que votre enseignement, vos dictées, vos problèmes portent, autant que possible et de préférence sur des sujets agricoles; organisez des promenades scolaires dans les champs, dans les fermes pour y démontrer pratiquement ce que vous avez enseigné dans la classe; la leçon par l'aspect frappe davantage, elle est mieux comprise par l'élève, et loin d'être une fatigue, elle devient pour lui, ainsi que plusieurs d'entre vous l'ont si souvent répété, une distraction, une récréation ; représentez l'agriculture comme une belle et noble profession, faites la aimer par les enfants ; contribuez à les empêcher de quitter en si grand nombre le village pour la ville où ils sont exposés cependant à rencontrer plus d'une amère déception; luttez, vous aussi, contre la dépopulation des campagnes, vous rendrez un grand service à votre pays, et vous aurez ainsi conquis de nouveaux titres à sa reconnaissance.

E. FORTIER.

Mont-Saint-Aignan, 1889.

PROGRAMME D'ENSEIGNEMENT ÉLÉMENTAIRE

D'AGRICULTURE ET D'HORTICULTURE

A L'USAGE DES ÉCOLES DE GARÇONS

Adopté pour le Concours ouvert par le Conseil général
de la Seine-Inférieure.

I. — Du sol.

Qu'entend-on par sol? Y a-t-il plusieurs espèces de terres, et comment les classe-t-on et les dénomme-t-on suivant leur composition? Qu'entend-on par terres argileuses, glaiseuses, calcaires, crayeuses, sablonneuses, siliceuses, terres franches, fortes, légères, froides ou chaudes? Comment les reconnaît-on? Quels en sont les inconvénients ou quels avantages présentent-elles? Qu'est-ce que l'humus? Qu'entend-on par terrain d'alluvion?

II. — Du sous-sol.

Qu'entend-on par sous-sol? De quoi se compose le sous-sol? Qu'entend-on, par sous-sol imperméable? A quels signes le reconnaît-on et quels sont les moyens de remédier à son imperméabilité? Qu'entend-on par drainage? Comment pratique-t-on le drainage?

III. — Des amendements et des engrais.

Quelle différence y a-t-il entre les amendements et les engrais ? Quels sont les principaux amendements? Qu'est-ce que la chaux? Quest-ce que la marne? Quelles en sont les divisions ou variétés? A quels terrains conviennent-elles? Comment reconnaît-on qu'une terre a besoin de marne? Quelle quantité emploie-t-on par hectare? Quelle est la durée du marnage ?

En combien de classes divise-t-on les engrais? Qu'entend-on par engrais chimiques, minéraux ou inorganiques? Comment divise-t-on les engrais organiques? Qu'entend-on par les engrais végétaux? animaux? mixtes? Qu'entend-on par parcage? Qu'est-ce que le fumier de ferme? Quels soins doit-on prendre pour sa préparation et sa conservation? Quelle disposition doit-on prendre pour l'installation d'une fosse à fumier? Qu'entend-on par fumier chaud, fumier frais? A quels terrains conviennent-ils? Qu'est-ce qu'un compost, comment le prépare-t-on et quel en est l'emploi? Qu'entend-on par irrigation? Comment pratique-t-on l'irrigation?

IV. — Assolements. Préparation du sol.

Qu'entend-on par assolements, et en combien de classes les divise-t on? Qu'entend-on par rotation, cultures dérobées, plantes sarclées? Qu'est-ce que la jachère? Combien y a-t-il de variétés de jachères? Qu'entend-on par labour? quelle est son utilité ?

V. — Plantes et végétaux. Ensemencement. Récolte.

Quelles sont les plantes cultivées dans la contrée? Qu'entend-on par céréales, légumineuses, graminées, plantes oléagineuses, textiles, tinctoriales, fourragères? A quelle époque procède-t-on aux semailles des plantes généralement cultivées dans la contrée? A quelle époque et comment s'en fait la récolte? A quels moyens a-t-on recours pour la préparation et la conservation des diverses récoltes : pour les céréales, pour les foins ou les fourrages, pour le colza, pour les racines, etc.? Quel moyen doit-on employer pour conserver les fourrages avariés? Qu'entend-on par ensilage? Qu'est-ce qu'un silo? Quelle est la forme

la plus généralement donnée ou silo? Qu'entend-on par plantes annuelles, bisannuelles, vivaces, parasites, adventices? Qu'entend-on par
prairies temporaires et par prairies permanentes? Quelles sont les principales maladies des végétaux et comment peut-on les combattre ou s'en
préserver? Comment se reproduisent les végétaux? Qu'est-ce que la
greffe et quelles en sont les principales variétés? Quelle est l'époque
la plus favorable pour la plantation des arbres? Comment plante-t-on
les arbres et quels soins doit-on leur donner ensuite, spécialement
aux pommiers ou poiriers à cidre?

VI. — Instruments et machines agricoles.

Quels sont les principaux instruments d'extérieur ou servant directement à la culture de la terre et à l'exploitation des récoltes? Quels
en sont les usages, et quelles sont les meilleures conditions de leur
établissement et de leur perfectionnement? Quels sont les principaux
instruments d'intérieur, leur emploi et les conditions qu'ils doivent
réunir?

VII. — Bestiaux et animaux domestiques.

Quelles sont les principales espèces et races de bestiaux et d'animaux
domestiques que l'on entretient dans la contrée? Quels sont leurs avantages? Qu'entend-on par animaux de travail et animaux de rente? A quels
signes doit-on le plus s'attacher dans le choix d'un taureau, d'une vache
laitière? Qu'entend-on par signes lactifères? En combien d'ordres
M. Guénon a-t-il classé les vaches laitières? Quels sont les caractères
particuliers de chacun d'eux? Quels soins doit-on donner aux animaux
et comment doit-on les traiter? Qu'entend-on par ration? Par ration
d'entretien et ration de production? Quel est, dans une bonne exploitation, le rapport entre sa contenance et le nombre d'animaux qui peuvent
y être entretenus? Quels sont les animaux, les oiseaux ou les insectes
que l'on doit considérer comme nuisibles à l'agriculture?

VIII. — **Produits.**

Quels sont les principaux produits agricoles du pays? Quelle est la destination donnée au lait et à la crème? Combien faut-il de litres de lait pour un litre de crème? Combien de lait ou de crème pour un kilogr. de beurre? Comment le fabrique-t-on? Qu'est-ce que le fromage, et comment procède-t-on à sa fabrication? Qu'entend-on par cidre et poiré? Quel est le mode de fabrication? Quels soins doit-on y apporter? Quelles précautions doit-on prendre pour leur conservation? Quels sont les fruits les plus recommandables? Qu'entend-on par eau-de-vie de cidre ou de poiré? Comment la fabrique-t-on? Quels sont les principaux débouchés pour les produits agricoles de la contrée?

IX. — **Comptabilité.**

Est-il utile, en agriculture, d'avoir une comptabilité? Quel est le meilleur mode et quels sont les principaux éléments de cette comptabilité.

TRAITÉ ÉLÉMENTAIRE

D'AGRICULTURE & D'HORTICULTURE

CHAPITRE Ier.

Du Sol.

Qu'entend-on par sol ? — Y a-t-il plusieurs espèces de terres et comment les classe-t-on et les dénomme-t-on suivant leur composition ? — Qu'entend-on par terres argileuses, glaiseuses, calcaires, crayeuses, sablonneuses, siliceuses, terres franches, fortes, légères, froides ou chaudes ? — Comment les reconnaît-t-on ? — Quels en sont les inconvénients ou quels avantages présentent-elles ? — Qu'est-ce que l'humus ? — Qu'entend-on par terrain d'alluvion ?

— Qu'entend-on par sol ?

En agriculture, on entend par *sol* ou terre arable la partie superficielle de la terre qui est cultivée, c'est-à-dire celle qui est retournée par les instruments et dans laquelle poussent et se développent les racines des plantes ou des végétaux.

— Y a-t-il plusieurs espèces de terres, et comment les classe-t-on et les dénomme-t-on suivant leur composition ?

Les éléments qui constituent le sol sont l'*argile*, le *sable* et le *calcaire*; lorsque ces trois éléments sont combinés en proportion convenable, ils forment ce que l'on appelle une *terre franche*, la meilleure de toutes, celle qui convient à toutes les cultures ; elle est profonde, facile à travailler, ne durcit point à la sécheresse, absorbe bien l'eau, se ressuie promptement après les pluies, et s'accommode de tous les engrais.

Mais le plus souvent, un des trois éléments domine dans la composition du sol ; quand c'est l'argile, on dit du sol qu'il est *argileux;* lorsque c'est le sable ou la silice, on l'appelle sol *sableux, sablonneux* ou *siliceux;* si, au contraire, le calcaire est en abondance, le sol prend la désignation de *calcaire* ou *crayeux.*

Quelquefois le sol est formé presque exclusivement de deux de ces éléments : on le désigne alors sous leurs noms réunis, en plaçant d'abord le nom de celui qui s'y trouve en plus grande proportion ; ainsi un sol contenant de l'argile et du sable sera dit *argilo-sableux,* si c'est l'argile qui domine ; et *sablo-argileux,* s'il contient plus de sable que d'argile ; il en sera ainsi pour les autres désignations.

— Qu'entend-on par terres argileuses, glaiseuses, terres franches, fortes, légères, froides ou chaudes, calcaires, crayeuses, sablonneuses, siliceuses ?

Les terres argileuses que l'on appelle encore terres *fortes,* terres *froides,* sont plus ou moins compactes, et sont grasses et douces au toucher ; elles ont l'inconvénient de conserver l'eau, de se sécher difficilement ; lorsqu'elles renferment de la *glaise* qui est une terre très grasse, plastique, elles arrivent à former, en temps humide, une sorte de pâte que la charrue peut à peine tourner et qui adhère aux instruments ; elles se durcissent sous l'influence de la sécheresse au point qu'il devient parfois impossible de les labourer, et qu'il s'y forme de grandes crevasses. Elles sont très fertiles, mais elles donnent des produits plus tardifs, rendent du grain en moindre quantité et souvent de qualité médiocre ; elles conviennent bien à la culture des céréales, des plantes fourragères, spécialement à la création des herbages et à la plantation des arbres. Elles réclament des engrais organiques, surtout des *fumiers chauds*, ceux de cheval ou de mouton ; l'enfouissement des végétaux en vert favorise également leur division ; cependant la fermentation des matières enfouies s'y opère lentement ; l'emploi exclusif des engrais inorganiques ou minéraux devrait avoir l'inconvénient d'augmenter leur compacité.

Les terres *légères* sont celles où domine le sable ou la silice, le calcaire ou la craie ; on les désigne aussi sous le nom de terres *chaudes*, parce que, ne retenant point l'eau, elles s'échauffent plus facilement que les terres argileuses, et deviennent parfois brûlantes ; elles donnent des produits plus précoces et de qualité supérieure.

Les terres *sableuses* ou *sablonneuses*, que l'on reconnaît facilement au toucher, conviennent moins que les sols argileux à la culture des céréales et des herbages, mais elles sont très favorables pour la culture des racines et des pommes de terre.

Les terres *crayeuses* ou terres *blanches* qui se rencontrent plus particulièrement dans l'arrondissement de Neufchâtel, sont assez fertiles ; les céréales y poussent bien, ainsi que le sainfoin et les trèfles. On doit de préférence réserver les fumiers *froids*, ceux de vache ou de porc, aux terres légères ; la fermentation s'y opère très vite et favorise la décomposition des matières organiques contenues dans les fumiers, ainsi que celle des végétaux enfouis en vert ; les engrais minéraux peuvent également y être employés avec avantage, s'il est vrai qu'ils peuvent contribuer à donner au sol une plus grande consistance. On reconnaît qu'une terre contient du calcaire ou de la craie, lorsqu'en la mouillant avec du vinaigre, il s'y produit un léger bouillonnement, lequel sera d'autant plus accentué que la quantité de craie sera plus grande.

— *Qu'est-ce que l'humus ?*

L'humus est une sorte de terre noirâtre qui provient de la décomposition des matières animales ou végétales ; en se décomposant, ces matières laissent peu à peu dégager des gaz qui concourent à la nutrition des plantes ; combiné avec l'argile, l'humus lui enlève une grande partie de sa ténacité et la rend plus perméable et plus accessible à l'action de la pluie, de l'air et du soleil, sans laquelle il ne pourrait se produire de fermentation.

— *Qu'entend-on par terrain d'alluvion ?*

Par terres *d'alluvion*, il faut entendre les dépôts laissés sur leurs rives par les rivières ou les fleuves lorsqu'ils débordent. En effet, avant de rentrer dans leur lit, les eaux se clarifient et se dépouillent de la vase, du limon et des autres matières qu'elles avaient entraînées ou qu'elles retenaient en suspension ; c'est ainsi que se sont formées les alluvions si importantes de la vallée de la Seine.

Chapitre IIe.

Du Sous-Sol.

— Qu'entend-on par sous-sol? — De quoi se compose le sous-sol? — Qu'entend-on par sous-sol imperméable? A quels signes le reconnaît-on, et quels sont les moyens de remédier à son imperméabilité? — Qu'entend-on par drainage? — Comment pratique-t-on le drainage?

— Qu'entend-on par sous-sol? — De quoi se compose le sous-sol?

Le *sous-sol* est la couche de terre qui se trouve immédiatement au-dessous du sol cultivé; il exerce sur la qualité et la fertilité du sol une grande influence.

Le plus souvent la nature du sous-sol diffère peu de celle de la terre arable qui le recouvre, mais il peut aussi contenir de l'argile plastique, de la glaise, du silex, du sable ou du calcaire, seuls ou combinés.

— Qu'entend-on par sous-sol imperméable?

— A quels signes le reconnaît-on, et quels sont les moyens de remédier à son imperméabilité?

Les sous-sols glaiseux, argilo-siliceux ou argilo-calcaires se laissent, à cause de leur cohésion, difficilement pénétrer par l'eau ou les racines des plantes; il convient d'augmenter leur profondeur en les divisant, et en les défonçant à l'aide de la charrue fouilleuse [1].

---

(1) Voir Charrue fouilleuse.

2

Si, au contraire, la composition du sous-sol était de nature à améliorer la couche supérieure, comme l'argile sous un sol sablonneux ou inversement, il serait préférable de donner une plus grande profondeur aux labours afin de ramener une partie du sous-sol à la surface et de la mélanger au sol, mais il conviendrait d'augmenter proportionnellement la dose des engrais.

Lorsque le sous-sol est complètement imperméable, il est facile de le constater; l'eau séjourne à la surface de la terre, fait pourrir les racines des plantes, et favorise la pousse du jonc ou des autres plantes aquatiques; il faut alors recourir au drainage à ciel ouvert ou au drainage en tranchées recouvertes.

— Qu'entend-on par drainage? — Comment pratique-t-on le drainage?

Pour drainer à ciel ouvert, on creuse, à la surface du sol, un petit fossé, en ayant soin de lui faire suivre la partie la plus basse du terrain, et l'on dirige ainsi l'eau dans une mare, une fosse, un ravin; de chaque côté de ce petit fossé, on pratique des rigoles destinées à y amener l'eau. S'il s'agit d'un champ cultivé, on le laboure par petits sillons légèrement bombés ou convexes, afin que l'eau puisse facilement s'écouler en suivant les raies; au besoin, et pour faciliter cet écoulement, on coupe les sillons par une tranchée ou raie transversale.

Ce genre de drainage est peu coûteux et suffisant pour un sol dont le degré d'humidité n'est pas très grand; mais il a pour inconvénient de laisser trop facilement écouler l'eau alors qu'elle est chargée des principes fertilisants, engrais de toute sorte qu'elle a recueillis à la surface du sol; car elle l'a, pour ainsi dire, lavé, comme cela se remarque, à la suite d'un grand orage ou d'une fonte de neige, pour les eaux des ravins, des ruisseaux ou des rivières qui sont troubles et limoneuses.

Ce drainage ne saurait, en tous cas, suffire pour assainir les terrains tourbeux, marécageux, ceux enfin dont l'humidité est excessive. Il faut alors recourir au drainage proprement dit, qui consiste à ouvrir des tranchées auxquelles on donne, suivant la nature du sol, une profondeur de 0m70, 1m, 1m20 ou plus, et que l'on distance, suivant le degré d'humidité, de 8, 12, 15 et 20 mètres. La coupe de ces tranchées représente assez exactement un V (fig. 1), c'est-à-dire qu'on leur donne, à leur ouverture, une largeur beaucoup plus grande, 0m30 à 0m40, que dans leur partie basse où l'on ne réserve que la place nécessaire à la pose du tuyau ou drain.

Fig. 1

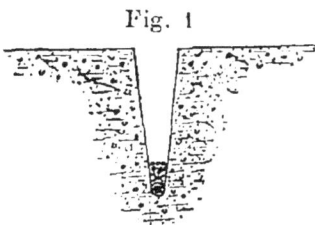

Coupe d'une tranchée de drainage avec tuyaux.

Les tuyaux de drainage sont en terre cuite; ils ont un diamètre intérieur de 0m03 à 0m05 pour les drains ordinaires, et de 0m08 à 0m10, 0m12 et plus pour les drains collecteurs, leur longueur est de 0m30 (fig. 2); les tuyaux se posent au fond des tranchées et dans toute leur longueur; on les recouvre d'un lit de petites pierres, puis on remplit avec la terre provenant des fouilles.

Fig. 2

Drain.

Les tranchées sont dirigées suivant la pente du terrain ; à la partie la plus basse, se trouve la tranchée principale qui reçoit le drain collecteur, c'est-à-dire celui dans lequel sera amenée l'eau des drains ordinaires A; le collecteur B conduit l'eau dans un ruisseau, un fossé, une mare ou dans une perte quelconque (fig. 3).

Les tuyaux du diamètre de 0^m03 ne sont plus guère employés dans la crainte qu'ils ne s'obstruent trop facilement; pour surveiller le drainage, et voir si rien ne s'oppose au libre écoulement de l'eau, on ménage de place en place de petits regards ; ces regards, posés au-dessus du drain collecteur, à un point où vient se déverser un drain ordinaire, sont des espèces de petites cheminées en maçonnerie ou en poterie qui montent jusqu'à la surface du sol; ils sont fermés par une planche ou une brique afin que les bestiaux ne puissent y engager le pied, s'y blesser ou les démolir (fig. 4).

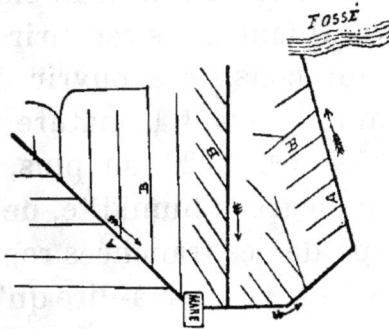

Fig. 3

Plan d'un champ drainé.

Lorsque les drains sont posés près d'une haie ou près des arbres, ou lorsqu'ils doivent passer au-dessous, il est prudent de les enfermer dans une maçonnerie, ou d'employer des tuyaux à collier joignant hermétiquement, afin que les racines ne pénètrent point dans l'intérieur, car elles y développeraient très promptement, surtout celles de l'orme, une quantité de petites radicelles ou chevelu tellement considérable que les drains seraient complètement obstrués;

Fig. 4

Coupe d'un regard

à cause de leur forme, cette agglomération de racines a reçu le nom de queue de renard, et elle arrive parfois à avoir un très grand développement; il faut alors enlever les drains et les remplacer.

Pour creuser les tranchées, dans lesquelles ils ne doivent ni ne peuvent descendre, les ouvriers se servent d'outils spéciaux, de bêches (fig. 5) plus larges près du manche qu'à la pointe, de pioches à manche long pour arracher les pierres ou cailloux, de gouges ou dragues (fig. 6) pour enlever la terre des tranchées et en arrondir le fond afin que le tuyau y pose bien régulièrement; enfin de crochets emmanchés (fig. 7) pour poser les tuyaux au fond des tranchées.

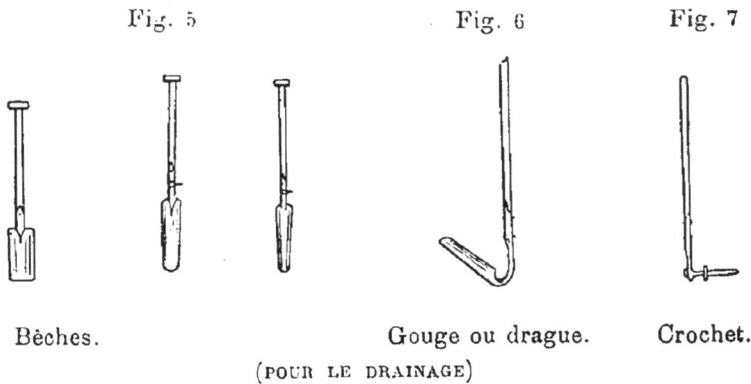

Fig. 5   Fig. 6   Fig. 7

Bêches.   Gouge ou drague.   Crochet.

(POUR LE DRAINAGE)

Dans le drainage en tranchées souterraines, on remplace quelquefois les tuyaux par de grosses pierres, des fascines en épines noires ou en branches de hêtre, ou tous autres corps permettant à l'eau de s'écouler; on donne alors une plus grande largeur aux tranchées; mais s'il y a une économie, elle est légère; le travail est moins bien fait, les effets moins prompts, et certainement moins durables.

Le drainage souterrain est une pratique des plus

recommandables ; l'eau ayant traversé la terre se trouve pour ainsi dire filtrée et n'entraîne point, comme dans le drainage à ciel ouvert, de matières fertilisantes avec elle.

Pour déterminer la distance à observer entre les tranchées, on a calculé que leur pouvoir asséchant pouvait s'étendre à environ 7 à 8 fois leur profondeur ; de sorte qu'une tranchée de 1 mètre de profondeur pourrait assainir le terrain jusqu'à 7 et 8 mètres sur chacun de ses côtés.

Chapitre IIIe.

Des Amendements et des Engrais

Quelle différence y a-t-il entre les amendements et les engrais ? — Quels sont les principaux amendements ? Qu'est-ce que la chaux ? — Qu'est-ce que la marne ? — Quelles en sont les divisions ou variétés ? — A quels terrains conviennent-elles ? — Comment reconnaît-on qu'une terre a besoin de marne ? — Quelle quantité emploie-t-on par hectare ? — Quelle est la durée du marnage ?

En combien de classes divise-t-on les engrais ? — Qu'entend-on par engrais chimiques, minéraux ou inorganiques ?— Comment divise-t-on les engrais organiques? Qu'entend-on par engrais végétaux ? — animaux ? — mixtes ? — Qu'entend-on par parcage ? — Qu'est-ce que le fumier de ferme ? — Quels soins doit-on prendre pour sa préparation et sa conservation? — Quelle disposition doit-on prendre pour l'installation d'une fosse à fumier ? — Qu'entend-on par fumier chaud, fumier froid ? — A quels terrains conviennent-ils ? — Qu'est-ce qu'un compost, comment le prépare-t-on, et quel en est l'emploi ? — Qu'entend-on par irrigation ? — Comment pratique-t-on l'irrigation ?

— Quelle différence y a-t-il entre les amendements et les engrais ?

Les *amendements* sont très différents des *engrais ;* les premiers ont pour effet de modifier la composition d'un sol en lui fournissant celui ou ceux des éléments qui lui manquent ou qu'il ne renferme qu'en proportion insuffisante ; on peut ainsi rétablir l'équilibre des propriétés physiques d'une terre, en détruisant sa consistance ou sa disposition soit à retenir ou à laisser écouler l'eau ; c'est amender un sol que de corriger ses défauts par l'emploi de substances ayant des propriétés opposées à celles qu'il possède.

Ainsi un terrain argileux sera amendé par un apport de sable ou de calcaire qui le rendront moins compact.

Les *engrais* sont des matières que l'on répand sur sur une terre en vue d'augmenter sa richesse de production ou sa fertilité, et qui sont propres à la nutrition des plantes.

— *Quels sont les principaux amendements ?*

Les principaux *amendements* employés dans notre contrée sont la *chaux* et la *marne*, mais surtout la *marne* ; elles conviennent aux terrains argilo-sableux, argilo-siliceux, aux sols humides et froids, même aux sols sablonneux ou siliceux.

— *Qu'est-ce que la marne ?*

— *Quelles en sont les divisions ou variétés ?*

La *marne* est un composé de carbonate de chaux et d'argile plus ou moins sableuse ; elle est de qualité différente suivant qu'elle est argileuse, sableuse ou pierreuse ; la marne argileuse est plus grasse et meilleure, c'est celle qui se délite le plus facilement sous l'action de la gelée ; la marne est pierreuse lorsque la proportion de carbonate de chaux est plus élevée; c'est la moins bonne.

— Comment reconnaît-on qu'une terre a besoin de marne ?

On reconnaît qu'un terrain a besoin d'être marné quand il se durcit facilement au soleil, ou lorsqu'il devient compact et difficile à travailler ; la présence de l'oseille rouge ou sauvage[1] indique aussi qu'un sol manque de calcaire.

On extrait le plus souvent la marne du terrain même où on doit la répandre ; on creuse des carrières en forme de puits dont la profondeur est très variable. Pour soutenir les terres et éviter les éboulements, on emploie des cercles ou des gaulettes que l'ouvrier contourne contre les parois du puits au fur et à mesure qu'il le creuse.

Lorsque le trou a traversé la couche de marne sur une épaisseur de cinq à six mètres au minimum, et suivant sa consistance, on ouvre, à droite et à gauche, des galeries en forme de voûtes cintrées ; la marne mise dans des corbeilles est montée à l'aide d'un treuil ; elle est disposée en gros tas près de l'orifice du trou, ou chargée et portée dans des banneaux, même dans des brouettes lorsqu'elle doit être de suite employée sur la pièce de terre. Dans les contrées où la marne ne se rencontre qu'à une très grande profondeur et où son extraction devient alors coûteuse, on apporte plus de soin dans le percement du puits dont on consolide les parois et les voûtes, de façon à pouvoir extraire une plus grande quantité de marne des carrières qui restent ouvertes plusieurs années ; on évite ainsi l'effondrement des chambres qui se pro-

---

(1) Vulgairement appelée Surelle.

duit si souvent, et forme, à la surface du champ, de grandes excavations dangereuses pour les bestiaux.

Lorsqu'on ouvre une marnière, il faut en faire la déclaration à la mairie, afin qu'elle puisse être visitée par les agents du service des mines.

— Quelle quantité emploie-t-on par hectare?

La quantité de marne à répandre par hectare varie beaucoup et en raison de la nature ou de la compacité du sol ; cependant elle dépasse rarement 40 à 70 mètres cubes à l'hectare.

— Quelle est la durée du marnage?

On ne marne guère que tous les 25 ou 30 ans ; il vaudrait mieux marner plus souvent et diminuer la quantité de marne employée.

On porte la marne sur les champs, où elle est disposée en petits tas, le plus souvent après la récolte du blé et dès la fin de l'automne ; elle est ensuite épandue avec autant de régularité que possible ; elle se délite à la gelée ; on doit l'enterrer par des labours superficiels, afin de bien l'incorporer au sol qu'elle ameublit ; elle le rend aussi plus perméable, plus accessible aux influences atmosphériques, et détruit son acidité.

— Qu'est-ce que la chaux?

Le *chaulage* de la terre est peu usité ; ses effets seraient à peu près les mêmes que ceux du marnage, mais son action serait plus prompte ; la quantité de chaux à employer serait de 8 à 10 hectol. à l'hectare.

La *chaux* est une pierre calcaire plus ou moins dure que l'on soumet à l'action du feu, et que l'on réduit

ensuite en poudre, soit en la laissant exposée
à l'air, soit en l'arrosant avec de l'eau ou des engrais
liquides. En facilitant la décomposition des matières
organiques contenues dans la terre, la chaux rend leur
azote immédiatement assimilable par les plantes ;
mais l'abus de la chaux aurait de graves conséquences pour le sol qu'elle appauvrirait en épuisant
trop vite ses réserves en éléments azotés.

Le chaulage et le marnage ne dispensent point de
fumer la terre ; on a observé au contraire qu'une terre
nouvellement et abondamment marnée, exigeait une
plus grande quantité d'engrais.

— *En combien de classes divise-t-on les engrais ?*

Les *engrais* répandus sur le sol ou enterrés en vue
d'augmenter sa fertilité, se divisent en *engrais inorganiques* ou *minéraux* désignés encore sous le nom
d'*engrais chimiques*, et en *engrais organiques*.

— *Qu'entend-on par engrais chimiques ?*

Pour conserver au sol toute sa fertilité, il serait indispensable de lui restituer la totalité des éléments de
fertilisation que lui enlèvent les plantes ou les végétaux que nous récoltons.

Si nous vendons les grains, les pailles ou les fourrages, nous privons ainsi le sol des éléments qu'ils
lui avaient empruntés pour leur structure, c'est à dire
pour la formation de leurs tiges ou de leurs grains. Si
même au lieu de vendre directement ces produits en
nature, nous les conservons pour les convertir en
fumier ou les faire manger par les bestiaux, quoi-
que moindre, la perte des mêmes principes ferti-

lisants existera encore, car les animaux s'en seront appropriés une partie pour la formation de leurs os, le développement de leurs muscles, de leur graisse, de leur laine, ou la production des matières alimentaires qu'ils fournissent, pour la réparation des forces qu'ils dépensent dans les travaux auxquels nous les soumettons, de sorte que la restitution par le fumier lui-même sera encore incomplète ; mais on peut compenser cette perte par l'apport d'engrais complémentaires que la chimie permet de déterminer.

Suivant les auteurs, 14 éléments [1] concourent à la formation des plantes ; il y en a 10 dont le sol serait si abondamment pourvu qu'il n'y a point à s'en préoccuper, leur rôle du reste est bien moins important que celui de l'azote, de l'acide phosphorique, de la potasse et de la chaux qui sont d'une nécessité absolue, et la base de toute production.

Or donc, lorsqu'un sol s'est trouvé, par les récoltes antérieures, appauvri de ces éléments, lorsque les fumiers ne les renferment point en proportion suffisante ou lorsque, par son analyse chimique [2], il est établi qu'un sol en est dépourvu, il importe de les lui restituer sous des formes diverses, suivant la nature de la terre ou des récoltes que l'on se propose d'obtenir, car

---

(1) Le carbone, l'hydrogène, l'oxygène, l'azote, le phosphore, le soufre, le chlore, la silice, le fer, la manganèze, la chaux, la magnésie, la potasse et la soude : d'autres y ajoutent l'iode et le fluor.

(2) Lorsqu'on désire faire analyser une terre, il convient de prendre à différents endroits et sur toute l'épaisseur de la couche arable, plusieurs échantillons que l'on aura soin de mélanger très intimement ; on en enverra ensuite 5 à 600 grammes à un laboratoire de chimie, celui de la station agronomique par exemple, qui déterminera la composition moyenne de la terre et la nature des engrais qui lui sont nécessaires.

les plantes n'ont pas toutes les mêmes exigences ; aux unes, comme les céréales, il faut donner un engrais complet avec un excédant d'azote ; aux autres, comme les légumineuses, l'acide phosphorique, la potasse et la chaux, etc. Il y a des traités très complets sur cette question, qui est des plus importantes; cependant, elle comporte des détails scientifiques qui ne sauraient trouver place dans un travail élémentaire comme celui-ci.

Les engrais doivent toujours être achetés sur garantie d'analyse scientifique afin qu'il soit bien établi qu'ils renferment réellement, et à l'état normal, la quantité d'azote, d'acide phosphorique et de potasse indiquée par le marchand, et que ces éléments de fertilisation s'y trouvent sous une forme assimilable. (Loi du 4 février 1888).

— *Qu'entend-on par engrais minéraux ?*

Les engrais *minéraux*, comme les sels de magnésie, de potasse, les phosphates, le sulfate de chaux, etc., sont tirés du sol, et ils ne contiennent aucune matière pouvant, par sa décomposition, augmenter la couche d'humus, ni diminuer la compacité des terres ; ils conviennent surtout aux terres légères. On apprécie la valeur des engrais suivant leur teneur ou leur richesse en azote, en acide phosphorique et en potasse ; ainsi, un engrais qui contiendrait 8 % d'azote, 6 % d'acide phosphorique, 7 % de potasse, devrait être payé au cours que ces divers éléments de fertilisation ont dans le commerce.

— *Comment divise-t-on les engrais organiques ?*

Les *engrais organiques*, formés des débris des animaux ou des végétaux, renferment des matières dont la décomposition peut fournir des produits liquides, solides ou gazeux propres à la nutrition des plantes ; en outre, leur mélange avec le sol a pour effet de le soulever, de diminuer sa ténacité, de le rendre plus perméable à l'eau, à l'air, à la chaleur, et d'activer la fermentation et l'effet des engrais eux-mêmes ; ainsi qu'on l'a dit plus haut, l'humus provient de la décomposition des engrais organiques qui se subdivisent en *engrais animaux, végétaux* et *mixtes.*

— *Qu'entend-on par engrais animaux ? — végétaux? — mixtes ?*

Les *engrais animaux* sont formés de tous les détritus provenant des êtres animés : excréments liquides ou solides, poudrette, guano, colombine, cornes, os, cuir, sang, issues, etc.

Les *engrais végétaux* sont tirés du règne végétal, et comprennent les feuilles, herbes, pailles, marcs de fruits, tourteaux, cendres, etc. Il y a des plantes que l'on enfouit en vert, au moment de leur floraison, comme les trèfle, lupin, vesce, colza, rabette [1], sarrasin, etc. Ce procédé de culture très ancien, connu même des Grecs et des Romains, convient plus spécialement aux terrains légers, chauds ou profonds ; il a, dans ces temps derniers, reçu le nom de sidération, parce que l'action du soleil est indispensable pour

---

(1) Quelques auteurs indiquent que le colza, comme les autres crucifères (plantes dont les fleurs ont 4 pétales, plus ou moins étendues en croix), lorsqu'ils sont enfouis au moment de leur floraison, débarrassent le sol des vers blancs ou mans (larves du hanneton).

hâter et faciliter, par la fermentation, la décomposition des plantes ainsi enterrées, cependant il est bon de compléter cette fumure par des engrais riches en acide phosphorique et en potasse.

Les *engrais mixtes* sont ceux qui, comme le fumier de ferme, contiennent en même temps des débris végétaux et des débris animaux, c'est à dire de la paille, des excréments, du sang, des issues, etc.

— *Qu'entend-on par parcage ?*

Parquer, c'est réunir dans un enclos, ordinairement formé de claies (fig. 8), un troupeau d'animaux soit dans un champ, soit dans un herbage ou une prairie, en vue de les faire profiter des engrais que les bestiaux y déposent ; on évite ainsi les frais de transport de fumier, et, pendant la belle saison, on économise une grande quantité de litières ; on fait généralement parquer les herbages et les

Fig. 8

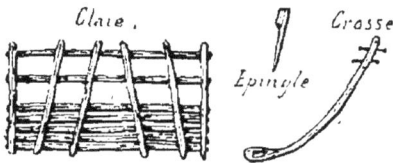

Claie, Épingle, Crosse

prairies par les animaux de l'espèce bovine, dont il faut épandre soigneusement les excréments, et les terres de labour, avant ou après leur ensemencement, par les moutons ; dans ces deux cas, le *parcage* présente de grands avantages.

— *Quels soins doit-on prendre pour la préparation du fumier de ferme et sa conservation ? — Quelle disposition doit-on prendre pour l'installation d'une fosse à fumier ?*

On ne saurait apporter trop de soin à la bonne préparation du *fumier*, à sa conservation, comme à la disposition de la place que doit occuper la fumière.

Pour prévenir une trop grande évaporation, il faut
l'abriter contre les rayons du soleil qui le dessèche-
rait; il y a des exemples de fumières établies sous un
hangar ; il faut également éviter que l'eau des toits ou
des terrains supérieurs ne vienne laver le fumier et
le dépouiller de ses substances les plus riches; à
cet effet, il faut disposer le sol de la fumière, ou forme
à fumier, de façon à ce que les eaux ne puissent y
avoir accès ; l'aire doit en être unie et consistante afin
d'empêcher l'infiltration du purin ou jus du fumier ;
une pente légère sera ménagée pour diriger les
liquides vers un réservoir où ils seront recueillis
pour l'arrosage du fumier ou des herbages [1]. On
ne saurait trop recommander aux cultivateurs de
veiller à ce que les purins ne se répandent jamais
dans les chemins, les fossés, les mares, etc. ; c'est
assurément la partie la plus active du fumier, et
il est vraiment incroyable que tant d'agriculteurs se
plaignent de manquer d'engrais alors qu'ils négligent
d'utiliser les purins qui ont une si grande valeur et
qu'il est si facile de recueillir, ne fût-ce que dans un
simple trou creusé dans la terre. Il serait aussi très
avantageux d'installer des cabinets d'aisances au-
dessus des fosses à fumier ; cela se pratique dans
les Flandres, où on ne laisse perdre aucune partie de
l'engrais humain, le plus riche de tous.

Afin d'activer ou de ralentir la fermentation du
fumier, on l'arrosera plus ou moins fréquemment,
plus ou moins abondamment; lorsque la pente le per-
mettra, il faudra faire écouler les urines des écuries
ou des étables dans la fosse à fumier, autrement on

---

(1) Voir Pompe et tonneau à purin.

creusera près des bâtiments, ou même à l'intérieur, des réservoirs destinés à les recevoir. Si l'on employe directement les urines à l'arrosage des herbages, il faut les mélanger d'eau; pures, elles brûlent l'herbe, à moins que l'on n'arrose par un temps de pluie.

Afin d'éviter l'évaporation du tas de fumier, on peut le recouvrir d'une couche de terre ou de sable; on conseille également de mêler à la litière des animaux du sulfate de fer, des phosphates riches, pour empêcher le dégagement des gaz ammoniacaux ou de l'azote.

Le marc de fruits répandu sur le fumier corrige son acidité.

— *Qu'entend-on par fumier chaud, fumier froid ?*

Nous avons dit dans un chapitre précédent que l'on désignait les fumiers de cheval et de mouton comme *fumiers chauds;* ceux de vache et de porc comme *fumiers froids.*

— *A quels terrains conviennent-ils ?*

Les fumiers chauds conviennent aux terres froides, le fumier froid aux terres chaudes; mais il est peu d'exploitations qui aient des terres de compositions si différentes qui permettent de faire des fumiers une division semblable; le mieux est, lorsque la disposition des bâtiments le permet, de réunir tous les fumiers et de les mélanger.

On ne doit point porter les fumiers trop nouvellement sortis des étables, mais il y a inconvénient et perte à attendre qu'ils soient trop faits et réduits à l'état de pâte ou beurre noir, car alors ils ont perdu la moitié de leur volume ; leur épandage régulier est plus difficile, et leur action est bien moins grande, puisqu'ils ne peuvent plus fermenter dans le sol, ni l'échauffer.

On fume généralement les terres tous les trois ans, à raison de 25 à 30,000 kilog. à l'hectare pour une culture ordinaire ; on double cette quantité, lorsque l'on a en vue une culture intensive, c'est-à-dire une production beaucoup plus élevée ; dans ce cas, on complète quelquefois l'action du fumier de ferme par l'addition de quelques engrais complémentaires [1] suivant une proportion ou une composition réclamées par la nature de la terre ou les exigences de la plante cultivée (voir engrais chimiques).

Le fumier se porte au banneau ; la charge est divisée en plusieurs tas que l'on espace sur le champ ; on l'épand à la fourche, et on l'enterre aussitôt à la charrue ; on porte en hiver le fumier destiné aux ensemencements du printemps (vesce, pois, racines) ; en juin, celui destiné aux jachères pures ou bâtardes, au colza ; et à l'automne, ou dès la fin de l'été, on fume toutes les terres qui doivent recevoir du blé.

— *Qu'est-ce qu'un compost, comment le prépare-t-on et quel en est l'emploi ?*

On entend par *compost* le mélange de certains débris végétaux ou animaux avec des boues, des terres, de la marne, de la chaux, etc. On laisse le tout se décomposer et se déliter pendant un certain temps ; on recoupe la masse plusieurs fois pour rendre le mé-

_____

(1) Plus ou moins riches en azote, en acide phosphorique, en potasse.

lange aussi intime que possible; puis on porte ce compost en couverture sur les herbages, les prairies artificielles, au pied des arbres, etc., etc.

— Qu'entend-on par irrigation ?

L'irrigation est l'arrosement en grand d'un terrain convenablement disposé, en vue d'accroître sa fertilité ; elle a à peu près les mêmes effets que l'inondation, mais elle présente cet immense avantage qu'on peut la diriger, l'augmenter ou la supprimer à son gré, tandis qu'il faut subir les conséquences de l'inondation dans ses bons comme dans ses mauvais effets. Les prairies naturelles situées sur le bord des rivières sont les seuls terrains irrigués dans la Seine-Inférieure et les départements limitrophes.

— Comment pratique-t-on l'irrigation ?

Lorsque l'on veut irriguer une prairie, il faut la disposer en ados très prononcés ; sur le sommet de l'ados en pratique des rigoles ayant une pente favorable pour la bonne et égale répartition de l'eau ; entre les ados, dans la partie basse, se trouvera une autre rigole dite d'égout, destinée à recevoir l'eau après que la terre en aura été imprégnée, et à la ramener à la rivière. (Fig. 9).

Pour conduire l'eau dans les rigoles qui sont à la partie la plus haute de la prairie, on élève le niveau de la rivière au moyen de vannes, sortes de portes à coulisses que l'on fait monter ou descendre (fig. 10);

Fig. 9

Irrigation sur ados.

en abaissant les vannes. on arrête le cours des eaux

qui s'élèvent jusqu'à la hauteur des berges, et, par des fossés appelés porteurs, gagnent les rigoles situées au

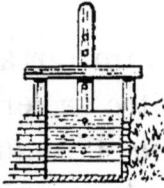

Fig. 10

Vanne.

sommet des ados, d'où elles débordent et se répandent lentement à gauche et à droite des ados, pour descendre ensuite dans la rigole d'écoulement ou d'égout, et retourner à la rivière au-delà du vannage. Il y a des ouvriers spéciaux pour faire le rigolage des prairies; l'irrigation est soumise à des règlements auxquels sont obligés de se conformer les chefs des établissements industriels situés sur le bord de la rivière, de même que les propriétaires ou locataires des prairies.

Assolements. — Préparation du sol.

— Qu'entend-on par assolements et en combien de classes les divise-t-on ? — Qu'entend-on par rotation, cultures dérobées, plantes sarclées ?— Qu'est-ce que la jachère? — Combien y a-t-il de variétés de jachère ? — Qu'entend-on par labour ? — Quelle est son utilité ?

— Qu'entend-on par assolements et en combien de classes les divise-t-on ?

L'*assolement* consiste à faire alterner les mêmes cultures sur la même terre afin d'en tirer le plus grand produit avec les moindres frais possibles, soit en faisant précéder ou suivre des cultures épuisantes par d'autres cultures propres à reposer le sol, ou à lui rendre ou conserver sa fécondité; soit en faisant succéder à des cultures qui favorisent la croissance des mauvaises herbes, d'autres cultures qui les détruisent ou les empêchent de pousser ou facilitent leur destruction.

Les *assolements* le plus généralement suivis sont : l'*assolement triennal*, et, mais moins fréquemment, l'*assolement quadriennal*, c'est-à-dire que le blé, qui commence la rotation et qui est la plante la plus importante, revient tous les 3 ou tous les 4 ans sur la même terre; ce n'est que dans la vallée de la Seine et vers le Roumois (Eure) que l'on trouve exceptionnellement l'assolement biennal, dont moitié en céréales et moitié en jachère, colza, trèfles, racines.

Dans une grande partie du département de la Seine-Inférieure, l'assolement triennal comprend : un tiers en blé, un tiers en avoine (y compris un peu de seigle et d'orge), un sixième en plantes fourragères (trèfle, minette) et un sixième en ronds grains (pois et vesce), racines ou jachère ; ailleurs, le blé tient toujours un tiers de l'exploitation, mais il y a un sixième en pois, vesce ou minette, un sixième en avoine; puis un sixième en colza, lin, et enfin un sixième en légumineuses, trèfles, etc. (Voir tableaux, page 28).

Dans l'assolement quadriennal, un quart est en blé, un quart en trèfle incarnat, racines, lin, colza, etc.: un quart en avoine, y compris seigle et orge ; puis un huitième en minette, pois ou vesce, et un huitième en trèfle violet.

Du reste, la composition des assolements varie suivant la nature du sol, le climat, la situation des terres, etc. D'un bon assolement dépend souvent le succès de la récolte.

— *Qu'entend-on par rotation, cultures dérobées, plantes sarclées ?*

Malgré la régularité de l'assolement, on sème quelquefois en dehors, en culture dérobée ou détournée, quelques plantes dont l'utilité est reconnue, comme la luzerne et le sainfoin, qui occupent le sol pendant plusieurs années ; il en est de même de quelques plantes industrielles. Par plantes *sarclées*, on entend celles qui reçoivent un grand nombre de cultures pendant leur végétation, comme les carottes, les betteraves, le chardon à fabrique, etc.; ces plantes laissent très-propres les terres qu'elles ont occupées.

On appelle *dessoler* une terre, changer l'ordre, intervertir celui qu'elle occupait dans l'assolement.

On entend par *rotation* l'alternance ou l'ordre adopté dans la culture des plantes qui rentrent dans l'assolement.

— *Qu'est-ce que la jachère? — Combien y a-t-il de variétés de jachère?*

La pratique de faire de la *jachère* diminue chaque jour; la *jachère* consiste dans le fait de laisser une terre se reposer, c'est-à-dire sans lui faire porter de récolte pendant toute une année; on peut ainsi en ameublir le sol par de nombreux labours qui ont encore pour effet de la nettoyer de toutes les mauvaises herbes dont elle peut être envahie, c'est là la *jachère pure*.

En faisant entrer la minette et le trèfle incarnat dans l'assolement, on a des terres qui sont de très bonne heure débarrassées de leurs récoltes; on peut les cultiver, en leur donnant presque autant de labours qu'aux jachères pures; c'est ce que l'on appelle une *jachère batarde* ou *jachère d'été*, celle à laquelle on a le plus souvent recours et dont l'effet suffit dans la plupart des cas.

— *Qu'entend-on par labour? — Quelle est son utilité?*

Le *labour* a une importance considérable; il consiste à retourner, à l'aide de la charrue, le sol sur une épaisseur plus ou moins grande, en vue de diviser la terre, de l'ameublir, de la rendre plus poreuse en exposant un plus grand nombre de points de sa

Assolement triennal d'une exploitation de 18 hectares en terres de labour.

1er Exemple.

	1re SOLE.	2e SOLE.	3e SOLE.
1re année.	1/3 ou 6 hectares blé.	1/3 ou 6 hectares avoine, seigle, orge.	1/3 ou 6 hectares — 1/6e ou 3 hectares trèfles. | 1/6e ou 3 hectares Trèfle incarnat, minette, vesce, racines, jachère
2e année.	1/3 ou 6 hectares avoine, seigle, orge.	1/3 ou 6 hectares — 1/6e ou 3 hectares trèfles. | 1/6e ou 3 hectares Trèfle incarnat, minette, pois, vesce, racines, jachère.	1/3 ou 6 hectares blé.
3e année.	1/3 ou 6 hectares — 1/6e ou 3 hectares trèfles. | 1/6e ou 3 hectares Trèfle incarnat, minette, pois, vesce, racines, jachère.	1/3 ou 6 hectares blé.	1/3 ou 6 hectares avoine, seigle, orge.
4e année.	1/3 ou 6 hectares blé.	1/3 ou 6 hectares avoine, seigle, orge.	1/3 ou 6 hectares. — 1/6e ou 3 hectares Trèfle incarnat, minette, pois, vesce, racines, jachère. | 1/6e ou 3 hectares trèfles.
5e année.	1/3 ou 6 hectares avoine, seigle, orge.	1/3 ou 6 hectares. — 1/6e ou 3 hectares Trèfle incarnat, minette, pois, vesce, racines, jachère. | 1/6e ou 3 hectares trèfles.	1/3 ou 6 hectares blé.
6e année.	1/3 ou 6 hectares — 1/6e ou 3 hectares Trèfle incarnat, minette, pois, vesce, racines, jachère. | 1/6e ou 3 hectares trèfles.	1/3 ou 6 hectares blé.	1/3 ou 6 hectares avoine, seigle, orge.

2e Exemple.

	1re SOLE.	2e SOLE.	3e SOLE.
1re année.	1/3 ou 6 hectares blé.	1/3 ou 6 hectares — 1/9e ou 2 hect. Trèfle inc., minette, vesce ou pois. | 2/9es ou 4 hectares avoine, seigle, orge.	1/3 ou 6 hectares — 1/9e ou 2 hectares colza. | 1/18e ou 1 hectare trèfle inc. rac., pois | 1/6e ou 3 hectares trèfles.
2e année.	1/3 ou 6 hectares — 1/9e ou 2 hect. Trèfle inc., minette, vesce ou pois. | 2/9es ou 4 hectares avoine, seigle, orge.	1/3 ou 6 hectares — 1/9e ou 2 hectares colza. | 1/18e ou 1 hectare trèfle inc. rac., pois | 1/6e ou 3 hectares trèfles.	1/3 ou 6 hectares blé.
3e année.	1/3 ou 6 hectares — 1/9e ou 2 hectares colza. | 1/18e ou 1 hectare trèfle inc. rac., pois | 1/6e ou 3 hectares trèfles.	1/3 ou 6 hectares blé.	1/3 ou 6 hectares — 2/9es ou 4 hectares avoine, seigle, orge. | 1/9e ou 2 h. Trèfle inc. minette vesce ou p.
4e année.	1/3 ou 6 hectares blé.	1/3 ou 6 hectares — 2/9es ou 4 hectares avoine, seigle, orge. | 1/9e ou 2 hect. Trèfle inc., minette, vesce ou pois.	1/3 ou 6 hectares — 1/6e ou 3 hectares trèfles. | 1/18e ou 1 hectare trèfle inc. rac., pois | 1/9e ou 2 hectares colza.
5e année.	1/3 ou 6 hectares — 2/9es ou 4 hectares avoine, seigle, orge. | 1/9e ou 2 hect. Trèfle inc., minette, vesce ou pois.	1/3 ou 6 hectares — 1/6e ou 3 hectares trèfles. | 1/18e ou 1 hectare trèfle inc. rac., pois | 1/9e ou 2 hectares colza.	1/3 ou 6 hectares blé.
6e année.	1/3 ou 6 hectares — 1/6e ou 3 hectares trèfles. | 1/18e ou 1 hectare trèfle inc. rac., pois | 1/9e ou 2 hectares colza.	1/3 ou 6 hectares blé.	1/3 ou 6 hectares — 1/9e ou 2 hect. Trèfle inc., minette, vesce ou pois. | 2/9es ou 4 hectares avoine, seigle, orge.

surface au contact de l'air, d'accroître sa force de production par une absorption plus abondante des éléments fertilisateurs de l'atmosphère, d'arriver à détruire les mauvaises herbes, de faciliter le développement et l'extension des racines des plantes, de mélanger les amendements ou les engrais dans toute la couche végétale, d'augmenter son épaisseur, d'aider à la répartition égale de la chaleur atmosphérique et de l'eau des pluies.

Les terres franches peuvent être labourées à peu près par tous les temps; mais, pour les terres humides, il faut choisir un moment favorable, souvent difficile à rencontrer; lorsqu'elles sont mouillées, elles forment de la boue ou adhèrent au soc de la charrue; au contraire, lorsqu'il fait sec, elles se durcissent promptement, se soulèvent en plaques ou en grosses mottes très dures que l'on a de la peine à réduire à l'aide des instruments ordinaires. On conseille de ne point labourer les terres lorsqu'elles sont recouvertes de neige, on a constaté qu'elles s'échauffaient ensuite plus lentement, et que la végétation s'y trouvait retardée.

Il est avantageux de labourer les terres aussitôt qu'elles ont été dépouillées de leurs récoltes; les labours d'automne contribuent à l'ameublissement du sol, surtout des sols argileux; les labours d'hiver préparent la terre à se mûrir et à se diviser sous l'action de la gelée; ceux de printemps et d'été permettent de détruire, d'une façon plus certaine et plus complète, les plantes nuisibles.

Lorsque l'hiver est pluvieux, ou lorsque le temps fait défaut, on laboure quelquefois en plante, comme lorsqu'on a une luzernière à défricher, c'est-à-dire qu'on retourne profondément la terre sans lui avoir préalablement donné un ou plusieurs labours superficiels; dans ce cas, il est bon de faire précéder le coutre ou couteau de la charrue d'une razette qui dégage le bord de la tranche des herbes, lesquelles se trouvent rejetées dans le fond de la raie; il y a même des charrues spéciales pour cet objet; elles ont pour ainsi dire deux socs dont le premier fait le même travail, mais bien plus complet que celui de la razette, enlève à la surface une tranche sur une épaisseur variable à volonté, la renverse au fond de la raie; puis le second soc la recouvre et l'enveloppe complètement avec la terre provenant de la partie inférieure du labour. (Voir charrues.)

Nous indiquerons la profondeur à donner aux différents labours en traitant de la culture de chaque plante en particulier.

Dans une journée, on peut labourer environ 50 ares de terre de consistance moyenne; on laboure en planches ou en billons; les billons, indispensables dans les terres humides, sont des bandes de terre larges de quelques mètres, séparées par des raies plus ou moins espacées suivant le degré d'humidité du sol; on ne rencontre plus que dans l'Eure ou le Calvados les tout petits billons de 1 et 2 mètres qui sont un obstacle à l'emploi des faucheuses, moissonneuses ou autres instruments perfectionnés; dans les terres profondes et sèches, on laboure à plat, en larges planches ou ados de 20 mètres et plus.

L'emploi de la charrue Brabant permet même de labourer sans faire ni ados, ni planche, par la facilité qu'elle a de se renverser sur elle-même au bout du champ; on laboure du même sens, à l'aller comme au retour, ce qui dispense de faire des raies.

Après la charrue, on fait passer la herse autant de fois qu'il est nécessaire pour ameublir le sol, pour détacher la terre des racines des mauvaises herbes afin de hâter leur dessiccation et leur destruction, ou pour recouvrir les grains que l'on a semés.

Cependant, dans les temps de sécheresse, on a recours aux rouleaux plombeurs ou aux rouleaux brise-mottes, squelette, ou croskill, pour compléter l'action de la herse et émietter la terre. (Voir instruments d'extérieur.)

Chapitre V^e

Plantes et Végétaux.

Ensemencement, Récolte, Silo, Greffe et Plantation.

— *Quelles sont les plantes cultivées dans la contrée ?*

— *Qu'entend-on par céréales, graminées, légumineuses, plantes oléagineuses, textiles, tinctoriales, racines ?*

— *A quelle époque procède-t-on aux semailles des plantes généralement cultivées dans la contrée ? — A quelle époque et comment s'en fait la récolte ? — A quels moyens a-t-on recours pour la préparation et la conservation des diverses récoltes ; pour les céréales, pour les foins ou les fourrages, pour les racines, pour le lin, pour le colza, etc.*

— *Quel moyen doit-on employer pour conserver les fourrages avariés ? — Qu'entend-on par ensilage ? — Qu'est-ce qu'un silo ? — Quelle est la forme la plus généralement donnée au silo ?*

— *Qu'entend-on par prairies temporaires ou par prairies permanentes ? — Qu'entend-on par plantes annuelles, bisannuelles, vivaces, parasites, adventices ? — Quelles sont les principales maladies des végétaux et comment peut-on les combattre ou les en préserver ?*

— *Comment se reproduisent les végétaux ? — Qu'est-ce que la greffe et quelles en sont les principales variétés ? — Quelle est l'époque la plus favorable pour la plantation des arbres ? — Comment les plante-t-on et quels soins doit-on leur donner ensuite, spécialement aux pommiers ou poiriers à cidre ?*

————

— *Quelles sont les plantes cultivées dans la contrée ?*

On cultive, dans la contrée, des céréales, des plantes graminées, légumineuses, oléagineuses, textiles, tinctoriales, des racines et des tubercules ; on entend par plantes améliorantes celles qu'on ne laisse point mûrir sur pied et qui déposent sur le sol une partie de leurs tiges, de leurs feuilles ou de leurs racines : comme le trèfle, le sainfoin et la luzerne. Les plantes épuisantes, au contraire, empruntent beaucoup au sol, mûrissent sur pied et ne laissent que peu ou point de détritus après leur récolte : comme les céréales, le colza, le lin, etc.

— *Qu'entend-on par céréales, par graminées, légumineuses, plantes oléagineuses, textiles, tinctoriales ?*

Par *céréales*, on entend les plantes à semences farineuses appartenant à la famille des *graminées*, genre de plantes qui tiennent de la nature du gazon. C'est la famille la plus nombreuse : elle comprend le blé, le seigle, l'avoine, l'orge, le ray-grass, etc.

Les trèfles, luzernes, sainfoins, pois, vesces, lentilles, féverolles sont des plantes fourragères que l'on désigne sous le titre de *légumineuses*.

Les plantes improprement appelées *oléagineuses* donnent de la graine qui, elle, sert à la fabrication de l'huile : comme le colza et le lin (on fabrique aussi de l'huile avec la faîne, qui est le fruit du hêtre).

Les *textiles* sont les plantes à tige fibreuse qui, après avoir subi plusieurs opérations, rouissage, teillage, peignage, entrent dans la fabrication des tissus, comme le lin et le chanvre ; avec le chanvre, on fait aussi du fil et de la corde.

Comme plante *tinctoriale*, on ne cultive que la gaude dont on tire une belle couleur ou teinture jaune; la garance, le pastel et le safran ne sont point cultivés dans la contrée.

La pomme de terre et le topinambour sont cultivés pour leurs *tubercules*.

Les *racines*, que l'on désigne encore sous le nom général de *plantes sarclées*, comprennent les carottes, les navets, les betteraves à sucre ou les betteraves fourragères.

Comme plantes *industrielles* on cultive encore la cardère ou chardon à fabrique, le houblon pour la fabrication de la bière.

_____

Ensemencement, Récolte.

— *A quelle époque procède-t-on aux semailles des plantes généralement cultivées dans la contrée?*

— *A quelle époque et comment s'en fait la récolte? — A quels moyens a-t-on recours pour la préparation et la conservation des diverses récoltes? Pour les céréales, pour les foins ou les fourrages, pour le colza, pour les racines, etc.?*

Du blé. Le blé, la plus importante des céréales et de toutes les autres plantes, comprend des variétés d'hiver et de printemps; les premières se sèment en octobre et au commencement de novembre, quelques-unes un peu plus tard encore; on sème le blé de printemps, de février à avril. Quel que soit l'assolement suivi, le blé tient la tête de la rotation; le plus généralement, on le fait sur fumure directe; dans le pays de Caux, cependant, on fume quelquefois pour les récoltes qui précèdent immédiatement le blé, et quelques agriculteurs complètent ensuite la fumure

avec des engrais minéraux, chimiques ou autres, on
a ainsi plus de chances d'éviter la verse. La quantité
de fumier employée à l'hectare varie entre 25,000 et
30,000 kil. Lorsque le blé est cultivé après trèfle,
pois, vesce, non fumés, on donne d'abord à la terre
un labour superficiel, soit à la charrue, soit à la dé-
chaumeuse (charrue à plusieurs socs), soit à l'extirpateur; on herse, on ramasse, s'il y en a, les mauvaises
herbes et leurs racines qu'on peut utiliser dans la fabrication des composts; on porte le fumier que l'on
enterre par un labour de 0^{m}10 à 0^{m}15; on ensemence
à la volée ou en lignes [1], on recouvre le grain par un
ou plusieurs tours de herse et de rouleau, s'il y a lieu.
Après les minette, trèfle incarnat, colza, considérés
comme jachères d'été, les labours sont plus nombreux; après les carottes et les betteraves, que l'on
n'arrache que vers la fin d'octobre ou le commencement de novembre, la saison est trop avancée pour
qu'il soit possible de donner plus d'un labour; du
reste, la terre y est généralement très propre. La
quantité de semence à employer varie suivant la saison, la nature du terrain, la grosseur du grain, la disposition plus ou moins grande qu'a la variété à taller;
on emploie de 2 à 3 hectolitres à l'hectare ; on réalise
une légère économie par l'emploi du semoir en lignes;
le grain doit être très propre et avoir été passé au
trieur afin d'être bien débarrassé des graines d'un
grand nombre de mauvaises plantes qui nuiraient à
sa végétation. La propreté et la qualité des semences
ont une très grande importance. Avant de semer le

---

[1] Voir semoirs en lignes et à la volée, charrues, extirpateurs.

blé, il faut le chauler ou le sulfater, comme il sera dit au passage relatif à la maladie des végétaux.

Une fois qu'il est en terre, le blé n'a pas besoin de soins particuliers avant le printemps, c'est-à-dire jusqu'au réveil de la végétation, que l'on active par un hersage suivi d'un tour de gros rouleau ; dans les semis en lignes, il serait encore mieux de ratisser entre les rangs ; on ameublirait davantage la terre, qui, à cette époque, a une tendance à se fendiller sous l'influence du hâle et de la sécheresse ; le blé se trouverait mieux rechaussé et développerait plus de talles ou ramifications nouvelles ; dans le courant de mai, et même en juin, on arrache les chardons ou autres plantes adventices ; le blé fleurit en juin et en juillet ; il est rarement mûr avant le mois d'août ; on coupe le blé à la faux, à la sape, à la moissonneuse simple ; quelques essais heureux à la moissonneuse-lieuse, laissent prévoir que l'emploi s'en généralisera ; le blé doit se couper un peu vert plutôt que trop mûr.

Pour garantir le blé contre le mauvais temps, il faut, dès qu'il est coupé, le mettre debout en moyettes (veillottes, demoiselles) de la grosseur de plusieurs gerbes, et recouvertes par une javelle posée l'épi en bas (fig. 11) ; on le lie au bout de 8 à 15 jours, suivant

Fig. 11

Veillotte ou demoiselle de blé.

que les autres travaux de la moisson retiennent plus ou moins longtemps les moissonneurs, car le blé bien enveillotté peut supporter les intempéries ; dans le pays de Caux, l'usage se répand de lier le blé aussitôt qu'il est coupé, de réunir ensemble 4 à 5 gerbes, de les planter debout, et de les recouvrir d'une gerbe que

4

l'on ouvre et que l'on pose l'épi en bas; c'est ce que l'on appelle un cosaque (fig. 12); mais la récolte se trouverait moins bien préservée contre le mauvais temps que par la moyette.

Lorsque le temps est au beau, on laisse quelquefois les javelles sécher plusieurs jours sans les relever, et

Fig. 12

Cosaque.

quand on lie les gerbes, on les réunit par groupes de 10 ou de 11, que l'on appelle des dizeaux ou des onzains ; pour former un dizeau, on pose sur le sol 4 gerbes bien serrées. les deux gerbes du milieu ayant l'épi tourné vers l'est, les deux autres en sens inverse; sur ces quatre gerbes, on en place 3 autres, puis au-dessus de celles-ci, 2 autres gerbes que surmonte 1 dernière gerbe qui a. comme les cinq précédentes, son épi tourné vers l'ouest. Pour former un onzain (fig. 13), on pose par terre 2 gerbes se recouvrant l'une l'autre ; on entasse au-dessus trois autres gerbes dont le pied repose sur le sol, et l'épi sur les 2 premières; au-dessus, on apporte 3 gerbes dont l'épi sera posé sur le pied de celles qui sont au-dessous : ensuite 2 autres gerbes, et, pour terminer, 1 dernière gerbe tournée dans le même sens; il faut avoir soin que la pointe des dizeaux et des onzains, c'est-à-dire l'épi des gerbes, soit orientée vers l'ouest: en effet, c'est de ce point que souffle le vent presque généralement accompagné de pluie.

On ràtelle le champ à l'aide de ràteaux à main ou d'un ràteau à cheval [(1)].

Une fois liées, les gerbes sont transportées à la grange ou disposées en grosses meules sur la pièce

(1).Voir Ràteau.

même. On donne à ces meules (fig. 14) une couverture légère, mais suffisante pour les garantir jusqu'au moment du battage, qui a lieu pendant l'hiver, soit sur place à l'aide de batteuses ambulantes, soit dans les granges où on les transporte et où le battage se fait au moyen des machines, ou encore, mais plus rarement maintenant, du fléau ; pour empêcher les souris de venir se réfugier dans les meules et y causer des dégâts on fait un socle en maçonnerie terminé par une corniche à paroi lisse ; de cette façon, les rongeurs ne peuvent atteindre les meules.

Fig. 13

Onzain.

Avec une batteuse mue par la vapeur, on peut battre de 2 à 3,000 gerbes de blé par jour, mais souvent il y a perte dans la menue paille ou balle du blé ; la paille est mal reliée, trop froissée, et une quantité assez notable de grain reste perdu sur le champ. Les batteuses fixes à manège, installées dans les granges , ne battent guère plus de 300 à 500 gerbes, mais le travail accessoire est plus convenablement fait, et il y a moins de perte que dans la plaine.

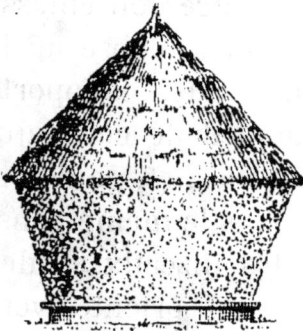

Fig. 14

Meule de grain
sur socle en maçonnerie.

Au fléau, un homme bat de 40 à 50 gerbes, et en nettoie le grain.

Le rendement d'un hectare de blé est des plus variables ; il dépend de la nature du sol, de l'assolement, de la fumure, du mode de culture, de la qualité ou de la variété du blé ; pendant que certaines terres ne rendent que 14 ou 15 hectolitres de grain, d'autres, de qualité supérieure ou mieux cultivées, donnent jusqu'à 25, 30 hectolitres et même, mais exceptionnellement, davantage. La quantité de paille varie également de 25, 30 à 50 quintaux métriques (500 à 1,000 gerbes environ).

Le poids moyen d'un hectolitre de blé ne s'éloigne guère de 76 kilog. à 77 kilog., excepté celui du blé récolté sur les sables, qui atteint quelquefois 80 et même 82 kilog.

Le blé donne en moyenne 70 à 72 % de farine ; 26 à 27 % de farine bise, recoupe et son, et 2 à 3 % de déchet.

D'un quintal de farine on peut tirer 130 à 135 kilog. de pain, c'est-à-dire que le blé rend à peu près l'équivalent de son poids en pain.

Avec la farine on fait aussi de la semoule, du vermicelle, de l'amidon.

Il arrive quelquefois que la saison pluvieuse empêche de semer du blé à l'automne, surtout après la récolte des racines ; ou bien, pendant l'hiver, les intempéries détruisent une partie des ensemencements ; c'est à peu près le seul cas où l'on fasse du blé de printemps, que l'on sème et que l'on récolte comme le blé d'automne.

Si l'hiver et le début du printemps étaient rigoureux au point de retarder ou de compromettre l'avenir de la récolte, on conseille de semer en couverture des engrais azotés qui redonneraient à la plante plus de force et de vigueur [1].

---

(1) 150 à 200 kil. de nitrate de soude dosant 15 à 16 % d'azote, ou de sulfate d'ammoniaque dosant 20 à 21 % d'azote, ou mieux un mélange de ces deux engrais additionné de plâtre.

Du seigle. — Le *seigle* n'est guère cultivé que pour la paille qu'il fournit et qui est utilisée pour faire les liens nécessaires au bottelage des grains et des fourrages ; il se sème, après deux labours, généralement sur terre sortant de blé; l'époque de l'ensemencement varie du commencement à la fin de septembre; on met à peu près 3 hectolitres de grain à l'hectare. On sème beaucoup plus tard dans les terres très sablonneuses de la vallée de la Seine; le seigle y donne de la paille plus courte et plus fine , qui est recherchée par les emballeurs de marchandises, les fabricants ou empailleurs de chaises. Au printemps, cette céréale entre en végétation avant le blé, mais elle talle avant l'hiver et moins que le blé ; on ne la herse point, à moins que l'on n'y sème en mélange une légumineuse, trèfle ou minette.

Le seigle se récolte comme le blé, mais il y a avantage à le couper vert afin d'avoir des liens plus résistants: quelques cultivateurs font même dans ce but le sacrifice du grain et fauchent leur seigle avant sa maturité.

Le grain sert à faire de la farine que l'on mélange, mais plus rarement aujourd'hui qu'autrefois, avec la farine de blé; le pain qui en provient a un goût particulier et se conserve plus frais. Le seigle est aussi distillé pour en extraire de l'alcool; le plus souvent on le fait cuire pour la nourriture des animaux.

On ne bat point le seigle à la machine, il en résulterait trop de perte dans la paille ; on le bat au fléau, mais en frappant sur l'épi seulement, ou bien encore on le secoue sur un chouquet ou un baril, en frappant dessus les épis d'une forte poignée de seigle que l'on tient dans ses mains.

Le seigle rend en moyenne à l'hectare 15 à 20 hectolitres de grain, pesant l'un de 70 à 75 kilog., et 25 à 30 quintaux de paille.

On cultive aussi le seigle pour le faire pâturer au printemps par les bestiaux, et en attendant qu'on puisse leur donner du trèfle incarnat.

De l'orge. — La culture de l'orge tient très peu de place dans les assolements à cause de la mauvaise qualité de sa paille ; l'orge se sème d'avril à juin, sur une terre bien préparée par un ou deux labours superficiels et un plus profond ; on sème en lignes ou à la volée ; la quantité de grain varie de 2 à 3 hectolitres à l'hectare ; cette céréale demande une terre très ameublie, d'autant plus qu'on sème en mélange des graines fourragères, trèfle, luzerne ou sainfoin. On récolte l'orge en août ; on la fauche en andain ou en javelles dont on fait des petites moyettes d'une gerbe qu'on lie dans le haut sans les couvrir. L'orge a des rendements très variables entre 15 et 25 hectolitres de grain, dont le poids est de 65 à 70 kilog., et 15 à 20 quintaux de paille ; on la distribue en grain aux volailles, on la fait cuire, on en fait de la farine destinée à l'alimentation des animaux à l'engrais, c'est pour eux une excellente nourriture.

De l'avoine. — La culture de l'avoine diffère peu de celle de l'orge ; elle se récolte de même ; mais elle a besoin de séjourner quelque temps en andain ou en moyette (fig. 15), parce que sa paille est difficile à faner. On cultive l'avoine noire, l'avoine blanche et

l'avoine jaune ; les variétés sont très nombreuses, celles à grain blanc donnent généralement un rendement plus élevé, mais elles sont moins appréciées que celles à grain noir. Le rendement moyen en grain est d'environ 30 hectolitres ; dans certaines conditions spéciales de culture ou de fumure, il peut s'élever à 50 et 60 hectolitres à l'hectare : le bon grain pèse près de 50 kilogr. l'hectolitre ; on obtient de 25 à 40 quintaux de paille, quelquefois plus.

Fig. 15

L'avoine est exclusivement utilisée pour la **nourriture des animaux**, plus spécialement pour celle des chevaux, auxquels elle communique beaucoup d'ardeur.

Il y a aussi une variété d'avoine dite avoine d'hiver, que l'on sème en septembre ou en octobre ; on la récolte en juillet : son grain est généralement plus pesant, et elle présente ce grand avantage de pouvoir être récoltée alors que les réserves sont épuisées et que la récolte d'avoine de printemps se trouve retardée.

Lorsque l'on doit semer des graines de légumineuses (trèfle, minette, luzerne, sainfoin), dans l'avoine de printemps, on les sème avant de donner le dernier tour de herse ; ou bien on attend pour les semer que l'avoine soit tout à fait levée et ait deux feuilles ; ce procédé présente l'avantage de permettre de déraciner avec la herse les mauvaises graines qui auraient levé dans le champ d'avoine.

Du sarrasin. — La culture du *sarrasin* est peu répandue. Ce n'est qu'exceptionnellement que l'on en voit quelques champs ; c'est une bonne plante à enfouir comme engrais vert, en ayant soin de choisir pour cela l'époque de sa floraison. On le sème en juillet à 75 ou 100 litres à l'hectare; lorsque l'on veut récolter le grain, qui est très bon pour la nourriture des volailles, il faut laisser la plante mùrir sur pied et la couper vers la fin de septembre ; on la met en moyettes, puis on la rentre lorsqu'elle est sèche, on la bat, et elle rend de 12 à 20 hectolitres de grain, pesant 60 à 65 kilog. l'hectolitre, et 10 à 15 quintaux de paille de peu de valeur, le tout par hectare.

— *Qu'entend-on par plantes légumineuses ou fourragères?*

Des *trèfles.*— A l'exception du trèfle incarnat (trèfle farouche, trèfle rouge, trèfle anglais), les trèfles et la minette se sèment au printemps indistinctement dans toutes les céréales, mais beaucoup plus ordinairement dans les avoines et les orges, soit au moment même où on les sème, soit après leur levée, ce qui permet de détruire les herbes adventices qui ont pu s'y développer déjà.

Toutes les plantes fourragères [1] se récoltent par la dessiccation, c'est-à-dire qu'au moment où elles sont bien fleuries, on les coupe à la faulx ou à la faucheuse; on les étend, et on les retourne pour que toutes leurs parties se trouvent bien exposées au soleil; lorsqu'elles sont bien séchées, on les amasse par petits tas, on en fait ensuite des meulons de 20 à 50 bottes et plus, suivant

---

(1) Il y a grand avantage à plâtrer les plantes légumineuses au printemps qui précède leur récolte ; on emploie à l'hectare de 350 à 500 kil. de plâtre en poudre cuit ou cru.

que la température est plus ou moins favorable à la fenaison. On les laisse ainsi pendant 8 ou 15 jours, puis on les bottelle, et on les rentre dans les granges ou les greniers ; pour préserver les meulons de la pluie, il est bon de les couvrir d'un petit chapeau en paille longue (fig. 16). Au lieu de botteler les four-

Fig. 16

rages, on les rentre quelquefois en vrac dans les granges ou greniers. L'usage de la presse tend à se répandre ; il permet d'expédier ou d'emmagasiner plus facilement les fourrages dont on fait des balles d'un volume très réduit comparativement à leur poids. (Fig. 17 et 18).

Fig. 17

Fig. 18

Le *trèfle violet*, le plus commun de tous, donne deux coupes par an, l'une vers la fin de juin, la seconde en septembre ; il peut rendre à ses deux coupes jusqu'à 6 à 7.000 kilogr. à l'hectare, rarement plus ; dans les exploitations où l'on entretient un troupeau de moutons, on fait pâturer le trèfle ; dans ce cas, on le mélange souvent de minette, de trèfle hybride ou de trèfle blanc ; la quantité de semence à employer à l'hectare est de 20 à 25 kilogr. pour le trèfle violet, et de 8 à 10 kilogr. pour le trèfle hybride ou le trèfle blanc.

On enterre quelquefois la seconde coupe de trèfle pour tenir lieu d'engrais ; c'est un procédé très recommandé aujourd'hui parce que le trèfle fournit ainsi au sol l'azote qu'il a puisé dans l'atmosphère [1] : les variétés principales sont le trèfle massif, le trèfle de Bretagne, le trèfle de Picardie, etc.

Lorsque l'on cultive le trèfle en vue d'en récolter la graine, il faut faire arrêter la plante par les bestiaux dès le commencement de juin. couper à la faulx les touffes qui peuvent rester, afin d'avoir une végétation et une récolte très régulières ; on coupe le trèfle lorsqu'il est mûr, on le met en javelles. puis immédiatement en petites moyettes qu'on lie par le haut, comme celles d'avoine ; il est ainsi à l'abri des intempéries ; on le rentre lorsqu'il est bien sec, on le bat au fléau ou à la machine, et on le nettoie très soigneusement ; il peut rendre en moyenne de 2 à 300 kilogr. de graine par hectare.

Le *trèfle incarnat* (trèfle rouge, trèfle anglais, trèfle farouche), se sème en juillet et août surtout après seigle ou blé ; il ne faut pas profondément labourer la terre, on réussit même souvent en se contentant de herser sans labourer, le trèfle incarnat préférant un sol dur. C'est une plante très précieuse, elle n'épuise pas le sol tout en rendant beaucoup de four-

---

(1) Cette théorie est contestée par quelques chimistes qui soutiennent que l'azote atmosphérique ne peut pas nourrir les plantes vertes, et que l'alimentation azotée des plantes et des herbes ne doit être tirée que du sol lui-même.

rage; on le donne en vert aux bestiaux dès la fin mai; en semant les trois variétés, de trèfle précoce, tardif et extra tardif à fleurs blanches, on s'assure une provision de fourrage vert pour deux ou trois mois; on a tenté, non sans succès, de semer le trèfle au début du printemps afin de s'assurer une récolte de fourrage vert pour l'arrière saison ; on peut dans un hectare, ensemencé de 25 à 35 kilogr. de graine, récolter jusqu'à 2.000 paquets de 10 kilogr. Fané, ce fourrage est peu apprécié : depuis quelques années, on a réussi à le conserver en silo : il en sera parlé au chapitre ensilage.

Minette. — La *minette* ou lupuline, petite plante légumineuse à fleurs jaunes, se sème, comme le trèfle, au printemps, en mélange avec une céréale, seule, ou mêlée avec les trèfles lorsque l'on veut composer une prairie ou un pâturage ; il faut 25 à 30 kilog. de graine à l'hectare ; on la récolte vers la fin de juin ; elle ne repousse pas, ce qui permet de donner au sol plusieurs labours et même d'y replanter du colza, d'y semer de la rabette ou du sarrasin, qui seront enfouis en vert pour la culture du blé. La minette se récolte comme le trèfle, mais elle est plus sensible au mauvais temps ; la moindre pluie ou même les rosées abondantes lui font perdre sa couleur verte et prendre une teinte foncée; on y obvie en ayant soin de ne point la laisser étendue la nuit sur le sol, et en la mettant chaque soir en andains que l'on étend le lendemain lorsque le soleil ou le vent ont fait disparaître l'humidité qui la couvrait. Elle donne peu de fourrage, 3 à 4.000 kilog., mais il est très bon pour les bestiaux ; il n'est cependant pas très apprécié pour la nourriture des chevaux.

Trèfle hybride. — Cette plante, à tige plus fine que celle du trèfle violet, est rarement cultivée seule, elle est surtout, comme le *trèfle blanc*, employée dans les mélanges ou composés pour pâturage, prairie temporaire ou herbage ; la graine de ces deux trèfles est très fine, et 8 à 10 kilogr. suffisent pour l'ensemencement d'un hectare.

Trèfle jaune des sables (anthyllide vulnéraire). Cette plante, peu exigeante sur la nature du sol, est cependant très peu cultivée.

De la luzerne. — Pour donner les grands rendements qui en font une plante si précieuse, la luzerne demande une terre profonde, très propre et fortement fumée à l'avance ; la luzerne de Provence est plus fine et plus délicate que celle du Poitou, dont elle n'a point la haute production ; toutes les deux se sèment à environ 30 à 35 kilogr. à l'hectare dans une céréale qui abrite leurs jeunes tiges contre l'ardeur du soleil, mais dans ce cas, la céréale doit être clair-semée pour ne point étouffer la luzerne ; il faut que la terre ait été profondément labourée ; on sème généralement au printemps ; cependant quelques cultivateurs préfèrent ne semer la luzerne qu'à la fin de mai et même en juin, mais seule alors, ou mélangée d'un peu de sainfoin.

L'année suivante la luzerne donne deux coupes, mais ce n'est que la deuxième année qu'elle atteint sa plus haute production, fournissant, à ses deux coupes,

7, 8 et 9.000 kilogr. de bon fourrage, et en outre un regain très épais que l'on fait pâturer ordinairement, en septembre, par les vaches qu'il faut surveiller très attentivement, car elles y sont exposées à la météorisation, c'est à dire à gonfler.

On récolte la luzerne comme le trèfle; pourtant, en certains endroits, on la ramasse en javelles que l'on met debout en moyettes comme celles d'orge ou d'avoine; ce procédé de fanage est beaucoup plus lent que la dessiccation suivant le mode ordinaire, mais il garantit et assure mieux la récolte du fourrage, qui conserve toutes ses feuilles, car les manipulations du fanage les lui feraient perdre.

Une luzernière dure, suivant le sol et son degré de propreté, 5, 6, 7 ans, rarement plus; lorsque l'herbe l'a envahie, il faut lui donner de vigoureux hersages; il ne faut porter sur la luzerne ni compost, ni fumier, parce qu'ils favoriseraient la pousse de l'herbe, si préjudiciable à la durée d'une luzernière; si on veut la fumer, il faut recourir aux engrais inorganiques [1]; après la luzerne, on fait généralement deux récoltes successives de céréales et sans qu'il soit nécessaire de fumer autrement que par des engrais complémentaires.

Du sainfoin. — Le *sainfoin* ou *bourgogne*, ou *esparcette*, se convient surtout dans les terres blanches ou crayeuses, et aussi dans les terres argilo-calcaires, mais il dure moins que la luzerne; il y a du sainfoin à une coupe et du sainfoin à deux coupes; on le sème,

---

[1] A base d'acide phosphorique et de potasse.

comme le trèfle, dans une céréale au printemps; il se récolte comme la luzerne et le trèfle; les bestiaux qui pâturent le sainfoin sont moins exposés à la météorisation qu'avec la luzerne.

Il faut 4 à 5 hectolitres de semence à l'hectare; le sainfoin rend, aux deux coupes de 5 à 6.000 kilogr. d'un fourrage excellent, surtout pour les chevaux.

Des pois et des vesces. — La *vesce* se sème au printemps à raison de 2 à 3 hectolitres à l'hectare, en lignes ou à la volée, elle est semée sur une terre ayant reçu deux labours; on fume souvent avant le second; elle se récolte vers le mois d'août, et fournit de 3.500 à 5.000 kilogr. de fourrage très estimé pour la nourriture du bétail; il l'est moins pour celle des chevaux chez lesquels il détermine quelquefois des accidents.

Lorsqu'on destine la vesce à être consommée en vert, on la mélange d'un peu d'avoine, c'est ce que l'on appelle de la dragée.

Il y a une variété de vesce d'hiver, dite *hivernage* que l'on sème en septembre, avec un peu de seigle destiné à soutenir la vesce et à l'empêcher de s'affaisser sur le sol; on y mélange quelquefois aussi des *lentilles* qu'on sème rarement seules; elles contribuent à augmenter le rendement; ce fourrage est donné en vert aux bestiaux après le trèfle incarnat; si on laisse l'*hivernage* mûrir sur pied, elle appauvrit beaucoup le sol.

Dans *les pois* on distingue les pois gris et les pois blancs ou chauds; les pois chauds se sèment plus tard, quelquefois après le trèfle incarnat; la quantité de semence employée est de 3 à 4 hectolitres; ils se cultivent et se récoltent comme la vesce, mais ils sont plus estimés pour la nourriture des chevaux.

Dans le pays de Caux, on sème, pour le faire pâturer à l'automne, un mélange de pois, de vesce, de sarrasin, de colza ou de rabette.

Du maïs. — On ne cultive le maïs que comme fourrage vert ; on le sème après le trèfle incarnat, soit en juin ; il exige une fumure riche ; pour faciliter les sarclages et les binages, il est préférable de le semer en lignes ; les corneilles sont extrêmement friandes et avides de ce grain, au point d'en rendre la culture très difficile ; on est obligé d'avoir une personne pour les éloigner, après les semailles et jusqu'au moment où le maïs sera assez fort pour n'être plus exposé à être arraché par elles ; un moyen qui réussit souvent à les éloigner d'un champ nouvellement ensemencé, consiste à tendre sur des piquets espacés de 10 à 12 mètres d'écartement, des fils de coton blancs ; les oiseaux croient y deviner un piège et n'osent s'y abattre. On coupe le maïs en vert, en août et septembre, au fur et à mesure des besoins ; il fournit une abondante récolte qui permet d'en distribuer chaque jour au bétail ; il est très sensible à la gelée.

Pour la consommation d'hiver, on coupe le maïs, on le hache, puis on le met en silo [1] en le tassant fortement ; c'est un excellent aliment pour les vaches laitières principalement ; son rendement, très variable, peut atteindre en kilogrammes à l'hectare un chiffre considérable.

Des betteraves. — On cultive la betterave pour la nourriture du bétail, ou, au point de vue industriel, pour la distillerie ou la sucrerie.

---

(1) Voir silo.

Où elle est cultivée, la betterave à sucre tient une grande place dans l'assolement; elle exige une terre très propre, profonde et bien ameublie par les labours; quoiqu'elle ne se sème qu'au printemps, on devra, dès l'automne, porter le fumier, 30 à 40,000 kilogr. au moins par hectare, et l'enterrer sous un bon labour. On la sème en lignes et à plat; depuis que les sucreries achètent les betteraves, non plus au poids, mais à la densité, c'est-à-dire suivant leur richesse en sucre, on recommande de semer très serré, 0ᵐ40 entre les lignes, et 0ᵐ20 entre chaque racine dans les lignes, afin d'arriver à avoir 100 à 120,000 pieds ou racines à l'hectare. Cette plante demande deux ou trois sarclages et des binages répétés. Pour en augmenter le rendement, on conseille d'ajouter au fumier de ferme des engrais minéraux riches en azote et en acide phosphorique [1]. On arrache en septembre et en octobre; le rendement varie, suivant les années, entre 20, 25 et 40,000 kilogr. à l'hectare. Cette culture dispose admirablement la terre, en la nettoyant des mauvaises herbes, à la culture des céréales dont elle favorise ainsi le haut rendement.

Les résidus ou pulpes de la sucrerie ou de la distillerie [2] servent à la nourriture économique du bétail; on peut même engraisser très promptement les bestiaux en leur distribuant des pulpes mélangées de moutures ou de grains concassés.

Les betteraves fourragères se cultivent de la même

---

(1) Par hectare 300 à 350 kilogr. de nitrate de soude dosant 15 à 16 % d'azote, et 500 à 600 kilogr. de superphosphate dosant 14 à 15 % d'acide phosphorique.

(2) Voir sucrerie, distillerie.

manière ; néanmoins, elles se sèment moins serrées, à plat ou sur billons, elles sont plus grosses, et leur rendement est beaucoup plus élevé, 50, 60 et même 80,000 kilogr. Les variétés réputées les meilleures sont les cornes de bœuf, les disettes roses et les blanches à

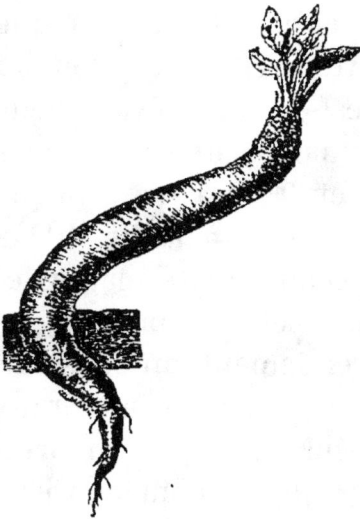

Betterave disette corne de bœuf

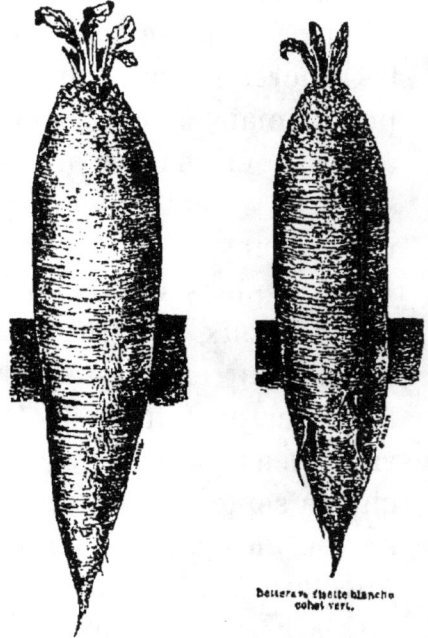

Betterave disette rose longue

Betterave disette blanche
collet vert.

collet vert, dites Dargent, les mammouths, les ovoïdes jaunes des barres, les tankards, etc.

On conserve les betteraves en les entassant dans des caves, dans des granges ou des silos [1]; on les donne aux bestiaux, après les avoir lavées et coupées mécaniquement en larges tranches [2]; on y mélange des sons, des menues pailles ou du foin haché, et on laisse

[1] Voir silo.
[2] Voir laveur et coupe-racines.

quelquefois le tout fermenter 24 ou 48 heures avant de le distribuer aux animaux.

Pour obtenir la graine des betteraves, on choisit les plus belles que l'on replante au printemps suivant.

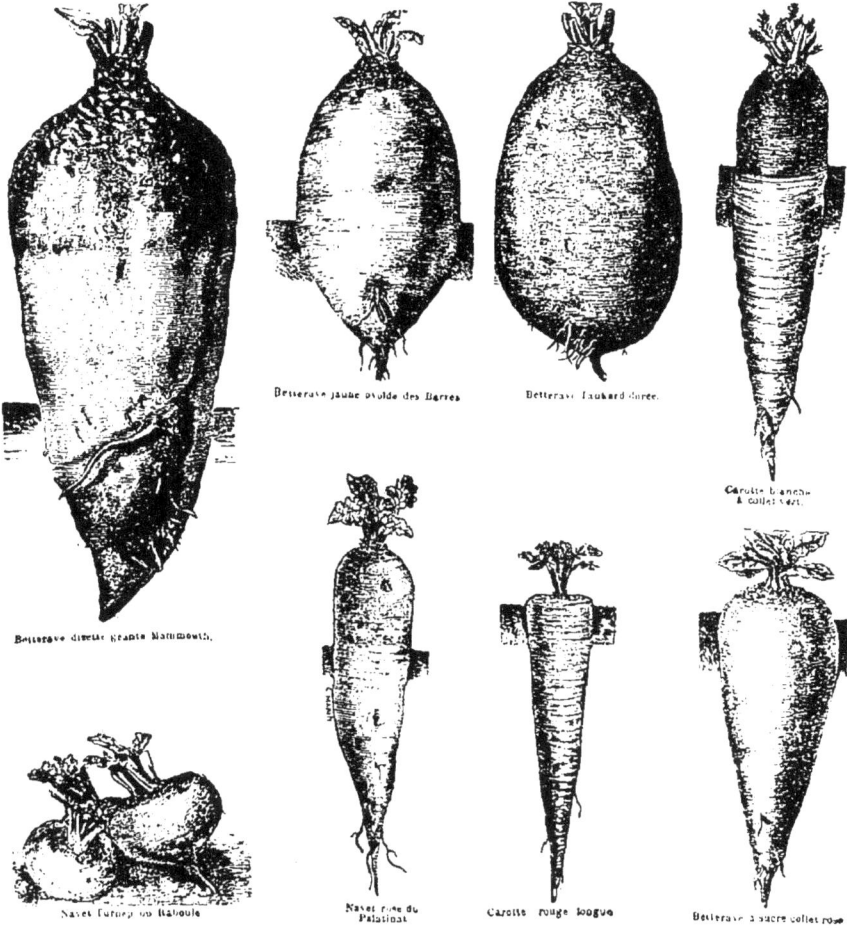

Betterave jaune ovoïde des Barres.

Betterave Tankard dorée.

Carotte blanche à collet vert.

Betterave disette Géante Mammouth.

Navet Turnep ou Raboule.

Navet rose du Palatinat.

Carotte rouge longue.

Betterave à sucre collet rose.

Les carottes se cultivent et se récoltent de la même manière que les betteraves, mais leur rendement n'est pas aussi élevé, 50 à 60,000 kilogr. au maximum; elles sont aussi moins aqueuses, et partant, moins laxatives que les betteraves; les variétés les plus cultivées sont la carotte jaune, et la carotte blanche à collet vert.

Les navets se sèment à la volée ; on leur donne un ou deux binages ; souvent on les sème, de juin à août, très-serré ; puis, après la levée, on herse fortement ; les navets se trouvent par là détassés, et la terre nettoyée ; les frais de culture sont ainsi à peu près nuls, et l'on a un produit abondant qui offre une grande ressource pour la nourriture des vaches ; cependant il a le défaut de communiquer son goût au lait et au beurre.

Des pommes de terre. — Elles ne sont cultivées en grande culture que dans les terrains sablonneux, surtout ceux de la vallée de la Seine, où elles donnent un rendement très rémunérateur ; on les plante à la charrue, d'avril à juin, en rangs espacés de 0m50 à 0m60. Lorsque les plants commencent à lever, on donne à la terre plusieurs binages, puis on butte ; l'arrachage a lieu, suivant les variétés, de juillet à octobre [1]. Pour la culture de la pomme de terre, il faut donner à la terre plusieurs labours préparatoires ; on fume le plus ordinairement au fumier de ferme. Cependant les engrais inorganiques à base de potasse [2] semblent donner de meilleurs résultats, tant au point de vue du rendement que de la bonne qualité et de la conservation de ce précieux tubercule. On plante très souvent la pomme de terre après le trèfle incarnat dont la récolte, dans les terres sablonneuses, est faite dès le milieu de juin. La quantité de semence à l'hec-

---

(1) Voyez arrache-pommes de terre.

(2) 600 à 800 kilogr. d'engrais dosant 6 % d'acide phosphorique, 4 % d'azote et 14 % de potasse.

tare est de 20 à 25 hectolitres; les tubercules sont
plantés entiers ou coupés en morceaux, on a soin
alors d'y laisser plusieurs yeux; quant au rendement,
il est tellement variable, suivant les années, le sol,
la fumure ou la variété, qu'il serait impossible d'indiquer un chiffre, même approximatif. On a conseillé
bien des procédés pour éviter ou atténuer la maladie
de la pomme de terre, aucun n'a été, jusqu'à ce jour,
reconnu efficace; il est bon cependant de choisir pour
la récolte un temps bien sec, de laisser les tubercules
se ressuyer et se sécher avant de les mettre en maga-
sin, et d'éviter qu'ils gèlent; l'utilité de cette plante
est trop connue pour qu'il y ait lieu d'en parler plus
longuement.

Le topinambour est peu cultivé. C'est une plante qui
permet de tirer parti de mauvais terrains; elle ne demande point de culture très soignée ni très coûteuse ;
une fois bien prise dans un sol, elle s'y maintient et
s'y reproduit d'elle-même ; les labours qu'on donne
pour l'arracher suffisent comme culture au topinambour et en favorisent la multiplication; il convient à
la nourriture du bétail; il est très difficile cependant,
lorsqu'il est cultivé dans des terrains argileux, de le
nettoyer, à cause de ses nombreuses cavités ou aspé-
rités; il peut rendre jusqu'à 15 et 20,000 kilogr. à
l'hectare.

Des plantes oléagineuses. — Cette dénomination est
impropre; en effet, ce ne sont point les plantes qui
fournissent de l'huile, mais bien les graines qu'elles
produisent; il serait plus correct de dire plantes à
graines oléagineuses.

Le Colza. — Parmi les plantes industrielles cultivées dans la contrée, venait en première ligne le
colza, mais sa culture a considérablement diminué.
Il demande une terre bien engraissée, profonde ; les
terres humides ne lui conviennent pas ; on le sème
en pépinière, à raison de 4 à 5 kilogr. dans le courant
de juillet, généralement sur de la terre ayant porté
du trèfle incarnat, bien préparée, fortement fumée
ou parquée ; du 15 septembre aux premiers jours
d'octobre, on arrache les plus belles plantes dans la
pépinière et on les transplante sur une terre bien nettoyée et fumée, sortant de pois, vesce ou minette. On
plante le colza à la charrue dans le fond de la raie, ou
sur le labour, au plantoir ou piquet, ou à la truelle ; le
colza reprend très facilement ; dans l'hiver, les pigeons
ramiers lui causent souvent de grands ravages.

Au printemps, on fait passer dans les rangs, distants
de 0m50 à 0m60, une houe à cheval, puis ensuite on
butte la plante pour lui donner une plus grande résis-
tance contre les vents qui pourraient la coucher.

Au moment de la floraison, le puceron ou altise
attaque quelquefois les fleurs et compromet l'avenir
de la récolte du colza, que l'on est obligé de renfouir.

Le colza mûrit vers la fin de juin ou le commencement de juillet ; on le coupe à la faucille, puis on le
dépose en javelles ou en rayons pour le faire sécher et
mûrir ; quelques cultivateurs le mettent en veillottes [1] ; il est ainsi à l'abri des intempéries et ne

---

(1) Dans ce cas, il est bon d'observer que la dernière javelle faisant
chapeau, doit être posée la tige ou siliques en haut ; il faut ne point la
renverser comme pour les veillottes de blé, parce que la graine en s'éca-
lant tomberait à terre, tandis qu'autrement elle est retenue dans l'intérieur de la veillotte.

s'écale pas. Si la mise en veillottes occasionne une perte de temps, elle est compensée par un excédent de rendement, et par une plus grande rapidité dans le travail au moment du battage, deux hommes suffisant pour enlever les veillottes et les porter sur la battière; pour le colza laissé en rayons ou en javelles, il faut des civières sur lesquelles on place les tiges, puis deux personnes les transportent à la battière; mais il y a perte de grain et de temps.

On installe une ou plusieurs battières, ou places bien nivelées, au milieu du champ; on y étend une grande toile sur laquelle le colza est apporté pour y être battu au fléau; quelquefois on amasse le colza sur la toile en le mettant debout, les tiges très serrées les unes contre les autres; puis, lorsque la toile est complètement recouverte, on fait passer des chevaux qui piétinent le colza et en font tomber la graine; on secoue les tiges, on crible la graine et on la porte au grenier, en ayant soin de ne donner que peu d'épaisseur au tas, afin d'éviter l'échauffement du grain, accident qui n'est pas à craindre lorsque le colza a été mis en veillottes. Un hectare de colza rend de 12 à 20 quintaux à l'hectare; l'hectolitre de grain pèse de 65 à 70 kilogr. Cette graine sert à faire de l'huile, le résidu ou tourteau est un bon aliment pour les bestiaux; on s'en sert aussi comme engrais, après l'avoir concassé ou pulvérisé pour le répandre sur le sol : 100 kilogr. de graine de colza rendent environ 35 kilogr. d'huile.

Du lin. — La culture du lin a également diminué. C'est une des plantes qui occupent le sol le moins longtemps; le lin exige une terre très propre et bien

préparée, bien ameublie ; le fumier porté directement
pour sa culture occasionne une végétation trop active,
nuisible à la finesse et à la qualité du lin ; il est préférable d'ensemencer sur une terre engraissée longtemps à l'avance. Un des composts ou conditions de
culture les plus favorables est le blé après trèfle fumé ;
il s'y développe moins de plantes adventices qu'après
toute autre récolte ; suivant la contrée ou la nature du
sol, on sème le lin d'avril au commencement de mai ;
la quantité de graine est de 140 à 170 kilogr. à l'hectare ; la meilleure est celle d'importation directe de
Russie, qu'on désigne sous le nom de « Pouic, » ou
celle qui n'a été ensemencée qu'une fois. Quelquefois le puceron attaque la plante à sa levée ;
pour s'opposer à ses ravages, on sème de la poudre de
chaux ou de plâtre. Dès que le lin a 5 à 6 centimètres
de longueur, on doit le faire sarcler à la main ; quelques cultivateurs se bornent à y faire passer les moutons : ils mangent les plantes qui s'y développent, sans
toucher au lin. C'est un moyen économique de le
nettoyer, surtout dans les cantons où la main-d'œuvre
est rare et chère ; le lin pousse très vite, il fleurit en
juin et juillet ; il est bon à arracher de juillet à août.
On l'arrache en poignées ; on les dépose d'abord sur le
sol, puis on les relève, en forme de veillottes, pour
compléter la dessiccation ; on tend aussi des cordes
sur lesquelles on appuie les poignées en les entrecroisant ; lorsque la dessiccation est suffisante, on lie
le lin pour le rentrer ou l'expédier au dehors ; pour
avoir la graine, on *gruge* le lin, c'est-à-dire que l'on
fait passer les tiges dans les dents d'un gros peigne
afin d'en faire tomber toutes les têtes ou capsules qui
contiennent la graine ; on les bat ensuite ; la balle ou

menue paille est très bonne pour la nourriture du
bétail, on la mélange aux racines (betteraves ou
carottes). Lorsque le lin est battu, il faut en tirer la
matière fibreuse; à cet effet, on lui fait subir diverses
préparations : le rouissage sur terre ou à l'eau, le
broyage, le teillage ou écouchage, et le peignage ; on
le file ensuite et l'on en fait de la toile, ou lorsqu'il est
assez fin, de la dentelle.

La graine rend, et dans la proportion de 15 à 20 %,
une huile très employée dans la peinture; les résidus
ou tourteaux servent à l'alimentation du bétail, à l'état
sec ou mélangés à sa boisson; le grain et la farine de
lin entrent dans la composition d'un grand nombre
de préparations pharmaceutiques.

Le lin rend de 4 à 6,000 kilogr. de paille à l'hectare,
et 4 à 6 hectolitres de graine pesant 60 à 65 kilog.

Le chanvre, la cardère, la gaude et le houblon sont
trop peu cultivés dans la contrée pour qu'il y ait lieu
d'en parler longuement.

Le chanvre est une plante textile comme le lin; il
est d'une très grande utilité dans l'économie domestique ; on s'en sert dans la fabrication des grosses
toiles et dans celle des cordages.

Le chanvre se sème au printemps et se récolte trois
mois après ; il demande une terre profonde et bien
engraissée. Il y a le chanvre mâle et le chanvre
femelle; ce dernier porte la graine. On le sème de 3
à 5 hectolitres à l'hectare ; il faut plusieurs fois biner
et sarcler le champ. La récolte se fait en deux fois ;
on récolte d'abord le chanvre mâle, en évitant de pié-
tiner le chanvre femelle qui n'est mûr que quelques
semaines après ; il se lie en petites bottes que l'on

dresse en faisceaux ; comme pour le lin, on extrait la graine en passant les tiges sur un gros peigne, on la passe au battoir et on la crible avec soin ; elle sert à faire de l'huile, mais plus ordinairement elle est distribuée aux petits oiseaux sous le nom de chènevis.

Le chanvre se rouit, comme le lin, afin de séparer son écorce de sa partie ligneuse ; on le broie, on le teille, enfin on le peigne ; il est filé, puis tissé ou cordé.

Le chardon à foulon ou cardère était une plante très productive avant l'invention du chardon métallique, employé maintenant dans les fabriques de drap ; la culture de cette plante est délaissée ; elle demande une terre légère, bien fumée, surtout avec du fumier de mouton.

On sème au printemps à raison de 8 à 10 litres par hectare, de préférence en lignes afin de faciliter les sarclages et les binages qui doivent être souvent répétés ; les plants sont suffisamment espacés, de 0^m15 à 0^m20 dans les rangs distants l'un de l'autre de 0^m50 à 0^m60 ; on garnit les vides avec les plants provenant des éclaircies ; les plants peuvent également être transplantés ailleurs, mais ils seront toujours moins vigoureux que ceux qui seront semés ou laissés à demeure. La seconde année, on sarcle, et on bine plusieurs fois ; on butte ensuite la plante pour la soutenir et lui permettre de mieux résister à l'action du vent.

On récolte les têtes au fur et à mesure de leur maturité, généralement en trois fois, à une semaine environ de distance. La plante s'élève jusqu'à deux mètres et produit 5, 6 et même 8 têtes de chardons : on coupe les têtes en leur laissant une queue de 0^m80

environ ; on les lie par paquets de 50 têtes, en ayant soin de les grouper par grosseur ; on les met dans des greniers ou sous des hangars pour qu'elles arrivent à une dessiccation complète: on en fait ensuite des balles de 200 poignées, c'est donc 10.000 têtes qu'il y a dans chaque balle ; il est très important de bien les échantillonner par grosseurs uniformes ou égales.

Gaude. — Nous n'avons qu'une plante tinctoriale qui soit cultivée dans notre région, où elle est très peu répandue ; elle fournit une couleur ou teinture jaune très belle et très solide ; il lui faut une terre légère profonde et surtout très propre ; on sème à la volée ou en lignes pour rendre les binages et sarclages plus faciles; l'ensemencement a lieu en juillet ou en août, à raison de 2 à 3 kilogr. par hectare ; on arrache la gaude l'année suivante en juillet et août ; on la pose, sur le champ, en javelles ou en andain, on la met aussi en veillottes pour assurer sa dessiccation; on la lie ensuite en bottes pour la rentrer ou la livrer à l'industrie.

Houblon. — Il faut aller vers la Picardie pour rencontrer encore quelques rares houblonnières.

Le houblon aime les terres profondes, légères, sablonneuses et surtout crayeuses: c'est une plante épuisante qui demande d'abondantes fumures, du fumier d'étable de préférence. Le houblon se plante au printemps ou à l'automne dans des trous de 0^{m}30 à 0^{m}40 de diamètre et de 0^{m}15 à 0^{m}20 de profondeur, distancés de 1^{m}50 à 2^m les uns des autres ; on met plusieurs plants dans chaque trou, et on les garnit de bonne terre, bien ameublie et engraissée.

Lorsqu'au printemps les plants ont poussé une tige, on enfonce dans chaque trou des échalas sur lesquels on attache les jeunes pousses ; on bine avec soin pour détruire les mauvaises herbes et entretenir la propreté du champ ; on surveille le houblon pour le maintenir continuellement attaché aux perches ou échalas longs de 4 à 5 mètres ; il y en a 3 ou 4 pour chaque trou ; on assujettit le houblon avec des liens assez libres pour ne point le gêner dans son développement ; plus tard, on effeuille le bas des tiges pour permettre à l'air et à la lumière d'y passer plus facilement, et refouler la sève dans les fleurs qui sont à l'extrémité supérieure.

La récolte se fait généralement en septembre, par un temps sec, alors que les feuilles prennent une teinte jaune, dégagent une odeur forte et que le bout des cônes présente une matière qui s'attache aux doigts. Pour faire la récolte, on coupe la fleur de houblon à 0m30 environ de hauteur ; on arrache la perche, on la couche sur le côté et on coupe soigneusement toutes les branches portant des fleurs, que l'on recueille dans des paniers ; on détache ensuite les cônes en leur laissant un petit bout de tige pour qu'ils ne s'effeuillent point ; pour les sécher, on les étale dans un grenier, ou dans un autre endroit très sec, où on les remue avec des pelles ou des râteaux ; on les dispose quelquefois sur des claies ou cadres en osier ; on les réunit en tas lorsqu'ils sont bien séchés, et on les emballe dans des sacs, en les comprimant fortement.

De la conservation des récoltes. — Nous avons vu à quels procédés on a recours pour assurer la récolte des céréales et des fourrages et pour les garantir contre le mauvais temps ; toutes ces précautions ne suffisent pourtant pas toujours pour les préserver complètement de toute altération pendant les étés très pluvieux.

Lorsque les grains auront été quelque peu mouillés, il ne faudra point les mettre en tas épais dans le grenier, où ils s'échaufferaient et prendraient mauvais goût, si on ne les remuait ou pelletait souvent ; ils sont exposés, le blé et le colza, à être attaqués par le charançon ou mite qui y cause de grands ravages, surtout dans les greniers couverts en ardoises, à cause de la chaleur qui s'y développe.

La destruction en est très difficile ; on arrive quelquefois à l'éloigner des greniers en mélangeant aux tas de grains des feuilles de sureau, de sauge et autres plantes odorantes.

Un moyen assuré de conserver le blé sans qu'il perde sa qualité et sa fraîcheur de goût, c'est de le mélanger avec des balles ou menues pailles bien criblées.

— Quel moyen doit-on employer pour conserver les fourrages avariés ?

Quant aux fourrages, lorsqu'ils ont été mouillés pendant la fenaison, ils deviennent poudreux par suite de la présence d'un champignon qui s'y est développé ; on atténue les effets et les conséquences de ces mauvaises conditions en soupoudrant les fourrages de sel en les tassant dans les greniers, et cela à raison de 2 à 3 % de leur poids.

Silo.

— *Qu'entend-on par ensilage ?*

Mais lorsque le temps est tout à fait **mauvais**, au point de compromettre la récolte des fourrages, le mieux est de les ensiler, c'est-à-dire de les tasser dans des fosses appelées *silos*, mais avant qu'ils aient acquis leur complète maturité.

— *Qu'est-ce qu'un silo ? — Quelle est la forme la plus généralement donnée au silo ?*

Du silo. — La forme du silo importe peu; le succès de l'ensilage dépend d'une compression suffisante et continue ; il faut aussi éviter avec le plus grand soin que l'eau vienne, de l'extérieur, gagner le fourrage ensilé et empêcher sa fermentation ou le faire pourrir ; on creuse des silos dans le sol, on garnit les parois en maçonnerie, ou avec des planches; quelquefois on se contente de creuser un trou dans le sol lorsque la terre est assez consistante pour ne laisser craindre ni éboulement des parois, ni infiltration d'eau du dehors ; on couvre aussi ces silos d'un hangar pour en rendre l'utilisation plus commode. Ce genre de silo s'emplit à 1ᵐ ou 1ᵐ50 au-dessus du niveau du sol; on comprime fortement, puis on recouvre de terre en donnant à cette sorte de couverture une forme qui assure l'écoulement de l'eau de pluie, que l'on éloigne au moyen d'une rigole contournant le silo (fig. 30).

On ensile aussi sur terre, c'est-à-dire que l'on entasse le fourrage en le foulant fortement et en donnant à la masse une forme triangulaire ; on recouvre de terre (fig. 31). C'est le silo employé généralement pour les racines.

Fig. 30

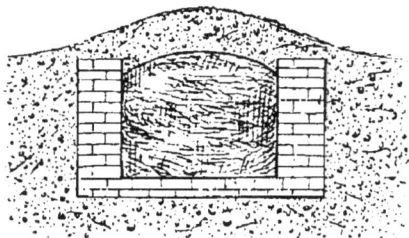

Dans ces dernières années, on a réussi en tassant purement et simplement le fourrage sur un sol consistant ; on donne au tas une forme carrée et une élévation de 2, 3 mètres, et même plus, que le tassement réduit promptement de moitié, ou même des deux tiers ; on recouvre le tas de madriers, que l'on charge de terre ou mieux de briques ou de pierres, dont la manipulation est plus facile ; le succès de l'ensilage dépend, nous l'avons dit, d'une compression constante et énergique, soit 1.000 ou 1.200 kilog. par mètre carré.

Fig. 31

Au lieu de charger avec des briques, des pierres ou d'autres matières pesantes, on a imaginé un système de pression à l'aide de leviers (fig. 32).

L'avantage de ce mode de conservation du fourrage,

c'est que l'on peut ensiler par tous les temps, même sous la pluie; il semble même que, dans ce dernier cas, la conservation soit plus assurée, parce que le tassement est plus régulier et plus fort ; quelques agriculteurs ajoutent du sel au fourrage ensilé, c'est un condiment qui peut le rendre plus agréable, mais qui ne doit pas accroître sa valeur nutritive ; on considère que le fourrage ensilé est plus nutritif que le fourrage sec, et que le produit des vaches laitières a la finesse de celui qui est obtenu lorsqu'elles sont au pâturage dans les meilleurs herbages.

Pour ensiler des fourrages, il ne faut point attendre qu'ils soient complètement mûrs ; il est préférable de les faucher au moment de leur floraison, et, de suite, qu'il fasse beau, ou qu'il pleuve, les porter au silo.

On distribue aux bestiaux le fourrage ensilé, plusieurs mois après la confection du silo, que l'on découvre graduellement, au fur et à mesure des besoins ; lorsqu'il n'a point été préalablement haché, on coupe le fourrage ensilé par larges tranches avec un couteau à pressoir ou tout autre instrument spécial ; ce fourrage dégage une odeur alcoolique très prononcée, qui porte même un peu à la tête.

L'ensilage est une découverte appelée à rendre de très grands services, pour assurer la récolte des regains très-souvent compromise par la mauvaise sai-

son ; les bestiaux deviennent avides de cette nourriture.

— *Qu'entend-on par plantes annuelles, bisannuelles,
vivaces, adventices, parasites ?*

Les plantes *annuelles* sont celles qui n'occupent
le sol qu'une année, comme l'avoine, l'orge, les pois,
la vesce, le lin, le sarrazin, etc.

Les plantes *bisannuelles* sont celles qui mettent deux
années avant d'arriver à leur maturité, comme les
trèfles, la minette, le chardon à fabrique, la gaude,
etc. Les plantes qui entrent dans la composition des
herbages ou prairies permanentes sont dites *plantes
vivaces* parce qu'elles demeurent toujours à la même
place, et se reproduisent sans culture.

Les plantes *adventices* sont toutes ces mauvaises
herbes qui poussent dans les récoltes malgré le soin
que l'on prend pour les détruire, comme les chardons,
les laiterons, l'ivraie, le liseron, les laiches, le coque-
licot (coq), la patience (dogue), l'oseille (surelle), le
tussilage (pas d'âne), le seneçon, la renoncule (bassi-
net), le peigne de Vénus (aiguillette), la camomille
puante (amouroque), les sanves (sangles, ruche, ravet),
le bleuet, l'avoine à chapelet (plumet, gernotte), le
chiendent, la nielle, la renouée aviculaire (herbe à
traînasse, de cochon), etc., etc.

Les plantes *parasites* s'implantent sur certains végétaux, croissent et vivent à leur dépens, tels sont : le
gui (brou [1]), les mousses, les champignons et les
lichens sur les arbres ; la cuscute (gaure, teigne) sur

[1] En vertu de la loi du 24 décembre 1888, les préfets sont auto-
risés a prendre un arrêté pour la destruction des insectes, cryptogames
ou autres végétaux nuisibles.

les lins, luzerne, trèfle ; on peut détruire la cuscute à l'aide du sulfate de fer. semé en poudre, ou répandu étendu d'eau, sur les endroits envahis.

— *Qu'entend-on par prairies temporaires et par prairies permanentes ?*

Les prairies *temporaires* sont celles qu'on ensemence, et qui, formées de légumineuses (trèfles, luzerne, sainfoin, etc.), ou de graminées (ray-grass, paturin, fétuque, flouve, etc.), doivent être retournées au bout d'un certain nombre d'années, après avoir été fauchées ou pâturées par les bestiaux ; elles reposent le sol qui s'enrichit de leurs détritus, des excréments des animaux ; il devient ainsi plus favorable à la culture des céréales.

Par praires *permanentes*, on entend les prairies situées sur le bord des rivières, les hauts prés, les herbages, les pelouses, c'est-à-dire toutes celles qui, après avoir été ensemencées, ou que l'on a laissées se former naturellement, restent toujours en herbe et ne doivent point être labourées.

———————

— *Quelles sont les principales maladies des végétaux et comment peut-on les combattre ou les en préserver ?*

Au nombre des maladies des végétaux, on peut citer dans les céréales : *l'ergot, la rouille, le charbon, la carie, la nielle ou anguillule.*

L'*ergot* du seigle est une excroissance noire, dure, d'un centimètre au moins de longueur, à intérieur blanc, farineux. astringent. toxique, occasionnant des étourdissements et des vertiges : l'ergot pousse sur un ou plusieurs grains dans le même épi; il affecte la forme d'une corne obtuse. ressemblant un peu à un ergot de coq.

La *rouille* est un champignon microscopique qui attaque surtout le blé au moment de l'épiage, et dont le développement est favorisé par les brouillards et la douceur de la température : on prétend que le voisinage de l'épine-vinette contribue à la propagation de cette maladie, et cette opinion a paru assez fondée pour décider l'arrachage de cet arbuste: la poussière ou le pollen de ses fleurs déterminerait l'envahissement des tiges des céréales par ce champignon microscopique qui communique aux végétaux une teinte rouge, laquelle passe vite au noir ; la paille alors se brise très facilement.

On remarque souvent dans les céréales des épis dont le grain n'est pas formé, et qui ne sont que des grappes d'une poussière noire se détachant facilement ; c'est le *charbon;* certaines variétés de blé et d'avoine paraissent y être plus exposées.

Au contraire. dans certains épis de blé, dont la forme ne diffère pas sensiblement des autres et qu'une longue pratique permet seule de distinguer à première vue, il y a des grains, à peu près régulièrement conformés, qui ne contiennent qu'une farine noire et de mauvaise odeur; c'est la *carie.*

C'est pour combattre cette maladie qu'on chaule ou qu'on sulfate le blé avant de le semer; cette opération consiste à faire un lait de chaux que l'on répand sur le tas de blé au moment où la chaux s'éteint; on remue le blé plusieurs fois, pour que tous les grains puissent être touchés par le liquide ; on laisse reposer jusqu'à ce que le blé soit suffisamment séché pour pouvoir être semé ; souvent on ajoute du sel à l'eau qui doit servir à éteindre la chaux, afin que le semeur ne soit point incommodé par la poussière de la chaux ; lorsqu'on emploie le vitriol (sulfate de cuivre), on le fait, comme la chaux, dissoudre dans l'eau bouillante, et l'on opère de la même manière. Il y a d'autres remèdes, mais nous nous bornons à indiquer les plus usités.

La nielle des blés, qu'il ne faut point confondre avec la plante du même nom, est moins une maladie, que l'invasion du grain par une infinité *d'anguillules* qu'on ne peut voir qu'au microscope ; le grain est rapetissé, on dit vulgairement qu'il est dégénéré ; la farine est alors remplacée par une sorte de pâte consistante, un peu jaune. Si l'on en mouille une toute petite parcelle pour la placer sous le microscope, on distingue une quantité prodigieuse d'insectes, ayant tout à fait la forme d'anguilles ; ils ont la faculté de vivre plusieurs années ; il suffit de les mouiller un peu pour les voir se ranimer. Quand une semence contient des grains niellés, il ne faut point hésiter à la changer, car on ne connaît point de remède à ce fléau.

Dans les grands végétaux, on remarque la *gelivure*, la *roulure*, qui désorganisent les tissus ligneux ; les *chancres*, qui causent de grands dommages dans les plants de pommiers ; la *gomme*, dans les arbres à noyau, etc.

— *Comment se reproduisent les végétaux?*

Qu'est-ce que la greffe et quelles en sont les principales variétés?

Les végétaux se reproduisent et se multiplient par semence, bouture, marcotte et greffe.

Presque tous les végétaux sont susceptibles de se reproduire par leur graine, au choix de laquelle on ne saurait accorder trop d'importance; cependant ils ne conserveraient point tous les caractères qui les distinguent ou les font rechercher; tels les arbres à fruit, par exemple; on a alors recours à la *greffe* qui comprend un grand nombre de sortes, mais dont les plus usitées sont : *la greffe en fente, la greffe en couronne, la greffe en approche, la greffe anglaise, la greffe en écusson.*

On doit greffer par un temps doux, au commencement du printemps, c'est-à-dire au moment du réveil de la végétation et de l'ascension de la sève; lorsqu'on veut multiplier une variété, on prend sur l'arbre de jeunes pousses d'un an; on coupe la tête du sujet à greffer, on fend le sujet c; puis, dans cette fente, on introduit la greffe ou jeune pousse n, que l'on a préalablement coupée et taillée en biseau; on a soin de la placer de façon que l'écorce de la greffe se trouve bien au contact de celle du sujet, afin que la circulation de la sève puisse se faire, entre l'aubier et le liber, du sujet à la greffe et réciproquement; on ligature avec de l'écorce, et l'on enduit la plaie de mastic à greffer; on peut encore se servir de foin disposé en bandes trempées dans de l'argile délayée. C'est là *la greffe en fente,* très usitée pour les arbres encore jeunes (fig. 33).

Lorsque au contraire l'arbre est vieux déjà, il serait dangereux de fendre toutes les branches sur lesquelles on veut poser des greffes; on déterminerait ainsi des plaies nombreuses, longues et difficiles à cicatriser; l'existence de l'arbre pourrait même s'en trouver compromise; on a, dans ce cas, recours à la *greffe en couronne;* on coupe également les branches du sujet à greffer, mais au lieu de les fendre, on se contente de faire dans l'écorce une coupe longitudinale; on en

Fig. 33   Fig. 34   Fig. 35

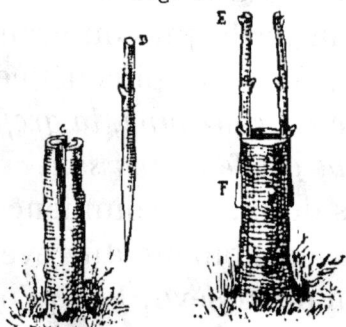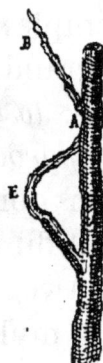

soulève légèrement les bords, et on introduit sous l'écorce la greffe A à laquelle on a laissé un épaulement qui permet de l'appuyer sur le plat de la coupe du sujet; on recouvre, et on ligature comme pour la greffe en fente; la greffe en couronne permet de poser un plus grand nombre de greffes sur le même arbre; lorsqu'on coupe la tête d'un sujet à greffer, il est bon de laisser quelques branches pour absorber la sève, et ne point rompre l'équilibre, ou l'harmonie qui doit toujours exister entre les racines et les branches d'un arbre (fig. 34).

La *greffe en approche* est surtout employée pour remédier aux vides qui se sont produits dans la charpente ou la direction des branches d'un arbre fruitier; ou encore lorsque l'on veut joindre plusieurs plantes de même nature, comme les branches d'une haie, par exemple; il suffit de couper longitudinalement, sur les deux branches à réunir, une partie de leur écorce jusqu'au dessous de l'aubier, de les rapprocher en ayant soin de faire concorder les lèvres des entailles, et de ligaturer; des haies ainsi greffées sont très solides, et deviennent infranchissables pour les animaux (fig. 35).

Fig.36

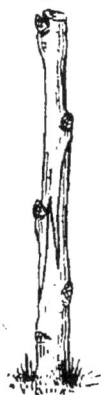

La *greffe anglaise* se recommande par sa grande solidité; elle convient pour les bois résineux et sarmenteux; pour les arbres à bois dur, et ceux à écorce mince: on ne peut la pratiquer que sur un sujet n'ayant pas une grosseur supérieure à celle de la greffe; on les taille l'un et l'autre en biseau; on les fend sur la moitié de l'épaisseur du biseau, on les rapproche en les entrecroisant, puis on ligature (fig. 36).

La *greffe en écusson* est très usitée pour les arbres à noyau, les pommiers et les poiriers alors qu'ils sont jeunes, les rosiers, etc.; on coupe sur le sujet qu'on veut multiplier, une branche de l'année; il faut que les yeux placés sous l'aisselle des feuilles soient bien vivants, mais non développés; on enlève une petite portion triangulaire d'écorce, un peu plus longue que large, mais munie d'un bon œil ou bouton garni de la queue de la feuille qui le recouvre : on fait dans le sujet à greffer une incision en forme de T allongé dans laquelle on introduit l'écusson; on ligature avec de la laine blanche, et non de la noire parce que celle-ci, absorbant les rayons du soleil, contribuerait au dessèchement de l'écusson (fig. 37).

Au printemps, on écussonne à *œil poussant*; on coupe le prolongement de la branche greffée, la sève fait alors développer l'écusson; tandis que l'écusson *à œil dormant* se fait en été: il sommeille, pour ainsi dire, et ne poussera qu'au printemps suivant; il ne faut point couper le prolongement des branches parce que, alors, on forcerait l'écusson à se développer, mais il ne serait point suffisamment aouté ou assez fort pour supporter les rigueurs de l'hiver.

Fig. 37

Il est encore bien d'autres formes ou sortes de greffes, mais on y a moins souvent recours.

On entend par *marcotte* une *tige* à laquelle on fait pousser des racines, ou une racine à laquelle on fait pousser une tige avant de la séparer du tronc dont elle fait partie, et pour la planter ensuite.

Avant le printemps, on rabat la tige d'un arbre ou d'une plante tout près de leur collet, et l'on recouvre de terre le tronc ainsi mutilé: de nombreux bourgeons s'y développent et peuvent être séparés l'année suivante.

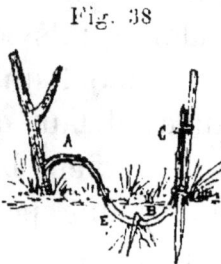

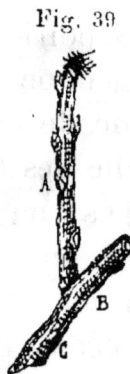

Fig. 38   Fig. 39

On *marcotte* encore en inclinant une branche d'un arbre, en l'enterrant la pointe relevée, et en la maintenant dans cette position à l'aide d'un crochet et d'un tuteur; on sépare après la reprise, c'est-à-dire au bout d'un ou de deux ans (fig. 38).

La *bouture* est la partie d'un végétal qui, séparée de l'individu auquel elle appartenait, manque de racines ou de bourgeons; on la met en terre pour lui en faire produire; le moment le plus favorable est l'automne et l'hiver; il faut choisir un terrain un peu ombragé et humide; on bouture généralement les bois blancs des terrains marécageux comme : l'osier, les saules, les peupliers, etc., et un grand nombre de fleurs (fig. 39); (A pousse de l'année, à laquelle on laisse un peu du bois de l'année précédente c B.)

— *Quelle est l'époque la plus favorable pour la plantation des arbres?*

Pour la *plantation* des arbres, il faut choisir l'époque où la végétation est suspendue, c'est-à-dire de novembre à mars; dans les terrains secs, on plante à l'automne: il est au contraire préférable de ne planter qu'après l'hiver dans les terrains humides; les conifères, les arbres résineux se plantent au printemps.

— *Comment plante-t-on les arbres et quels soins doit-on leur donner?*

Les plantations qui réclament le plus d'attention sont assurément celles des arbres fruitiers, pommiers et poiriers, dont la culture a pris une si grande importance. Pour y procéder, on ouvre un trou d'un diamètre de 2 mètres au minimum, la profondeur variant suivant la nature du sol; peu profond dans les terrains froids et humides, le trou destiné au jeune arbre peut atteindre 0^m30, 0^m60 c. dans les terres franches, siliceuses ou sablonneuses. Avant de planter l'arbre, on procède à son habillage, c'est-à-dire qu'on rafraîchit la coupe des racines qui ont pu se trouver cassées ou rompues au moment de l'arrachage; puis on rabat (raccourcit) les branches, de manière à établir l'équilibre entre la tête et le pied de l'arbre, à maintenir entre eux une égale répartition de la sève; en faisant le trou, l'ouvrier aura eu soin de déposer sa terre en plusieurs tas, et suivant la qualité, de façon que l'on puisse placer au fond du trou la bonne terre, le gazon que l'on recoupe à la bêche; on jette quelques pelletées de bonne terre; puis on pose l'arbre, en ayant soin d'écarter ses racines pour qu'elles portent bien; on garnit avec de la terre bien ameublie que

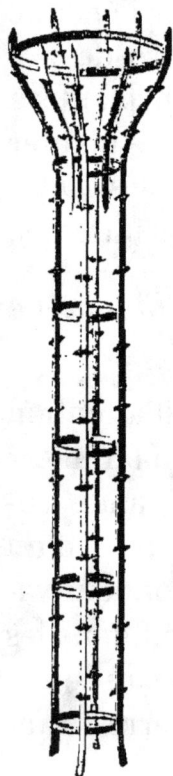

Fig. 40

l'on fait passer entre les racines à l'aide d'un bâton; on garnit le pourtour avec des ronces ou des joncs marins; on emplit le trou en mélangeant des terreaux, des composts ou du fumier; la moins bonne terre doit être placée la dernière; on peut encore étendre une botte de joncs marins ou des cailloux à la surface du sol pour que la pluie ne le tasse point trop, ou pour empêcher le soleil de le dessécher.

Aussitôt que l'arbre est planté, il faut le garantir, par une armure (fig. 40) de l'atteinte des bestiaux, qui pourraient l'ébranler ou l'écorcher; cette armure varie de forme et de matière, suivant les contrées et leurs ressources en bois; lorsque le bois y est rare et cher, on y substitue le fer.

La distance à observer entre les arbres, plantés en
carré ou en quinconce, est basée sur la nature du
sol ou la destination du terrain ; on plante à 7, 14, 16,
18 et 20 mètres ; mais la meilleure distance est celle
de 12 à 15 mètres.

Il faut veiller à ce que les arbres ne se trouvent point
épuisés par les gourmands ou rejetons qui poussent
au pied ou sur le tronc ; il faut les débarrasser des
mousses ou lichens, et surtout du gui (brou) qui
peuvent les envahir ; on doit surveiller les branches
pour leur donner une bonne direction : un pommier
bien conduit dans son jeune âge n'aura que rarement
besoin d'être émondé ensuite ; il faut de temps en temps
leur donner des engrais, surtout des engrais liquides.

On appelle émonder un arbre à fruit, couper celles
de ses branches qui, en s'entrecroisant, pourraient, par
leur frottement, déterminer la formation de chancres ;
celles des extrémités qui se courbent et s'abaissent
au point de pouvoir être broutées par les bestiaux ; il
ne faut pas, autant que possible, couper de grosses
branches, afin de ne pas faire à l'arbre des plaies
larges, toujours longues et difficiles à cicatriser.

L'élagage se pratique sur les arbres de haute futaie
dont on coupe les branches latérales, afin de repousser
la sève vers la cime, et de forcer le sujet à s'élever ; il
est d'usage d'élaguer les arbres tous les 9 ans, mais
il est préférable de renouveler plus souvent cette opération ; les plaies provenant de l'ablation des branches
sont moins grandes et plus faciles à guérir ; on élague
généralement les arbres sur les deux tiers de leur hauteur ; il faut veiller à ce que les outils (serpe, ciseau,
sécateur) (fig. 44) de l'élagueur soient toujours bien

affilés pour pouvoir faire une coupe très nette; les grappins devraient être proscrits, car ils font aux arbres des blessures qui ne se recouvrent jamais.

Il ne faut point couper les petites branches ou brindilles qui se trouvent le long du tronc; elles donneraient du reste peu de bois; de plus, leur présence est utile à la végétation de l'arbre, et le met à l'abri des coups de soleil.

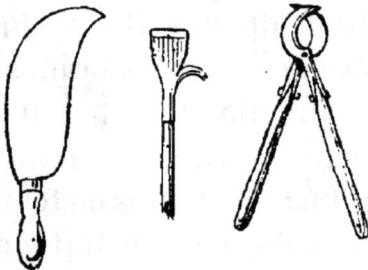

Fig. 41

Les haies qui entourent les masures, les herbages sont en général composées d'aubépine (épine blanche), de charmille, de coudrier; on les taille sur leurs côtés, au moins une fois par an, à l'aide de ciseaux (fig. 42) ou d'un croissant (fig.43); on tond quelquefois aussi le dessus de la haie; cependant on le laisse plus généralement pousser pendant quelques années, afin d'avoir un peu de bois de chauffage.

Quant aux arbres à fruits à couteau, en espalier, en cordon ou en quenouille, on les taille, au printemps, au sécateur (ffg. 44), ou mieux à la serpette (fig. 45) en vue de les maintenir dans une direction, dans une forme ou des

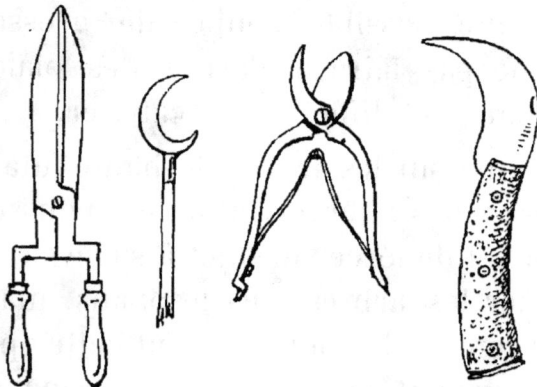

Fig. 42   Fig. 43   Fig. 44   Fig. 45

proportions déterminées, d'arrêter leur croissance, de les mettre à fruit, en refoulant vers les branches du centre de l'arbre la sève qui tente toujours à se porter vers les extrémités; vers juin ou juillet, on opère une nouvelle taille que l'on appelle pincement, et qui ne porte que sur les nouvelles pousses.

On entend par *essences* les diverses variétés dans les bois de haute futaie, tels que le chêne, l'orme, le hêtre, le frêne, le sapin, le platane, l'érable, etc.

Les essences propres à la construction sont : le chêne, le sapin, le peuplier, les mélèzes et les pins.

Dans la menuiserie et l'ébénisterie, on se sert du chêne, du hêtre, du sapin, du peuplier, du noyer, du merisier, du frêne, de l'érable, du poirier.

L'orme, le frêne, l'acacia, le noyer et le charme sont recherchés pour le charronnage et la carrosserie.

Pour le chauffage, les meilleurs bois sont : le charme, le pommier, le poirier, l'orme, le hêtre, le tremble, le bouleau, les pins.

Les *taillis* sont des bois que l'on coupe ordinairement assez jeunes, et qui repoussent de leurs souches; on les exploite tous les 9, 12, 15, 18 et rarement tous les 25 ans; on en fait, suivant la grosseur des bois, des échalas, des cercles, des pieux, des crosses, des gaulettes, du ployon, du bois de chauffage ou du charbon; on réserve, dans les coupes, des baliveaux pour en faire des arbres de haute futaie ou des porte-graines ; les meilleurs bois pour taillis sont : le chêne [1], le châtaignier, le frêne, le charme, le coudrier, le bouleau.

_____

(1) Le chêne fournit une écorce recherchée par les tanneurs ; on pèle le chêne au printemps, en avril ou en mai, lorsque le bois est en sève; l'écorce alors se soulève facilement.

Les pins ne forment jamais de taillis parce qu'ils ne repoussent pas de leurs souches.

Les *futaies* sont exclusivement formées de grands arbres obtenus de semis, ou transplantés en massifs plus ou moins serrés : les essences qui se conviennent le mieux en futaie, en bordures à plat ou sur fossés, sont : le hêtre, le chêne, le sapin ordinaire, le pin sylvestre, le pin maritime, les peupliers, l'orme, le frêne, les platanes, etc.

Les *forêts* sont en général une production de la nature ; l'homme n'a pour ainsi dire aucunement participé à leur création ; elles sont composées d'essences diverses susceptibles d'être employées à la construction, à la menuiserie et surtout au chauffage ; il est procédé à l'exploitation des forêts par voie d'éclaircies de taillis, de gaulis, d'arbres ; puis, lorsque ceux-ci ont été abattus à leur tour, les taillis se reforment, mais non sans que l'on voie des essences nouvelles se substituer aux anciennes ; on fait aussi des replantations ; on distingue par arbres à feuilles caduques ceux qui perdent leurs feuilles à l'hiver ; et, par arbres à feuilles persistantes, ceux qui conservent leurs feuilles, comme les sapins, les pins, etc.

Instruments et machines agricoles.

— Quels sont les principaux instruments d'intérieur, leur emploi et les conditions qu'ils doivent réunir? — Quels sont les principaux instruments d'extérieur ou servant directement à la culture de la terre? — Quels sont les usages et quelles sont les meilleures conditions de leur établissement et de leur perfectionnement?

Les instruments dont on se sert dans l'intérieur d'une ferme sont : le louchet ou bêche, la pelle, la fourche, la houe à main, la hache, la pioche, le croc, les seaux, les terrines ou vaisseaux à lait, la baratte, l'auge, le malaxeur, le pétrin, le fléau, le van, le crible, le tarare, le trieur, la bascule, le hache-paille, le concasseur, le moulin à meules ou à cylindres, le laveur, le coupe-racines, le brise-tourteaux, la machine à battre, le broyeur de pommes, la presse, les banneaux, charrettes, chariots, pompe et tonneau à purin.

Tout le monde connaît l'utilité comme la forme des petits instruments qui servent à la culture du jardin, ou aux menus travaux de la ferme ; le fléau (fig. 46), le van (fig. 47), et le crible servent, dans les petites exploitations, au battage, et au nettoyage du grain ; le tarare (fig. 48), est un crible perfectionné

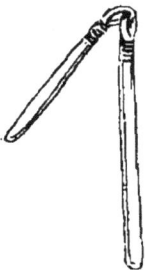

Fig. 46

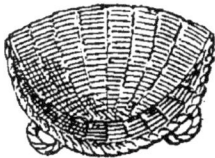

Fig. 47

muni, à l'intérieur, de grilles superposées, d'un venti-
lateur ayant pour objet de chasser la poussière qui
peut se trouver dans le grain: on communique à ces
grilles un mouvement de va-et-vient au moyen d'une
roue dentée: le trieur (fig. 49), sert à purger le grain
de toutes les mauvaises graines, c'est une série de

Fig. 48

Fig. 49

cylindres métalliques percés de trous de différentes
grandeurs qui permettent de faire plusieurs catégories dans la qualité des grains.

Les seaux dans lesquels on trait les vaches sont en
bois ou en fer-blanc ; les terrines dans lesquelles on
dépose le lait sont, le plus souvent, en terre vernissée;
elles sont de forme évasée ou plus larges du haut,
afin de faciliter la montée de la crème; la baratte dans
laquelle on bat le beurre est, dans le pays de Bray,
de forme cylindrique, (fig. 50), et garnie à l'intérieur
de lames de bois contre lesquelles vient battre la
crème dans le mouvement de rotation imprimé à la
baratte; il y a aussi des barattes à 6 ou 8 pans (fig.51);
elles ont à l'intérieur une boîte cylindrique en fer blanc
dans laquelle on peut mettre de l'eau chaude ou de
l'eau froide, suivant qu'il y a lieu d'élever ou d'abaisser la température de la baratte, ce que permet de

constater un thermomètre également placé à l'intérieur (voir *Laiterie*).

La baratte danoise (fig. 52), très simple et surtout très facile à nettoyer à cause de son mouvement de bascule, se compose d'une sorte de baril placé verticalement; à l'intérieur se trouve un arbre muni d'ailes ou palettes, il est garni d'un pignon conique et d'un volant; ces barattes sont mues à bras ou à l'aide d'un manège ; ailleurs les barattes sont faites en forme

Fig. 50   Fig. 51   Fig. 52

d'auge fermée par une porte à coulisse; à l'intérieur tourne horizontalement un arbre muni de palettes.

Il y a aujourd'hui des instruments perfectionnés qui permettent, par la force centrifuge, de séparer la crème du lait aussitôt qu'il est trait et de retirer l'eau du beurre sans le laver; ces instruments ne sont point d'un usage courant et demanderaient des détails explicatifs que ne comporte point le caractère de ce traité; la plus grande propreté étant indispensable à la bonne fabrication du beurre, on se sert d'un malaxeur et de spatules en bois afin d'éviter le contact des mains. (Voir *Laiterie*).

A l'aide du hache-paille (fig. 53), composé d'une
boîte en bois, d'une roue d'appel destinée à amener
la paille ou le fourrage sous les lames montées sur les

Fig. 53

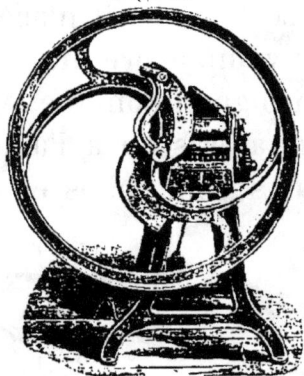

Fig. 54

branches ou rayons du volant, on coupe toute espèce
de fourrages ou de pailles, et même l'ajonc (jonc-marin),
par bouts longs de 1 à 2 centimètres ou plus.

Fig. 56

Fig. 55

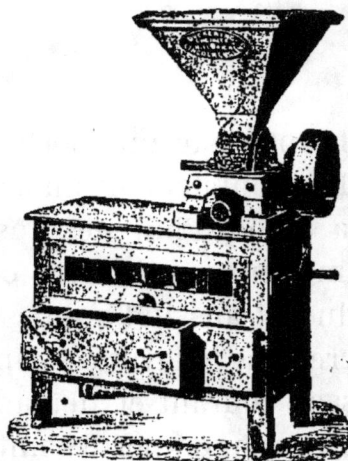

Les grains concassés ou moulus entrent journellement
dans l'alimentation du bétail ; on se sert à cet
effet de concasseurs (fig. 54), de moulins à meules
(fig. 55), ou à cylindres (fig. 56).

Le brise-tourteaux (fig. 57), ainsi que l'indique son nom, sert à concasser les tourteaux ou à les réduire en poudre.

Avant de couper les racines pour les distribuer aux animaux, il est bon de les débarrasser de la terre dont elles peuvent rester chargées ; on se sert alors du laveur (fig. 58).

Ensuite, on les coupe par tranches à l'aide d'un ins-

Fig. 57

Fig. 58

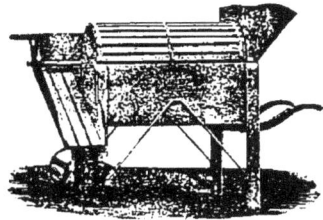

trument à disque muni de lames dentées, appelé coupe-racines (fig. 59) ou d'un dépulpeur (fig. 60).

Fig. 59

Fig. 60

La machine à battre fixe ou locomobile, mue par la vapeur ou par un manège à chevaux, est assurément l'instrument le plus important dans l'intérieur d'une exploitation ; cette machine se compose : d'une table où l'on pose et délie les gerbes; d'un batteur ou cylindre garni de latteaux recouverts de fer ; d'un contrebatteur, de secoueurs à jour, articulés ou à mouvement de va-et-vient, qui projettent la paille sur une grille où les hommes la ramassent pour la lier; d'un tarare, etc.

Parmi les machines à battre, il y a :

La batteuse à bras qui ne secoue point la paille et ne crible point le grain (fig. 61).

Fig. 61

Fig. 62

Fig. 64

Fig. 63

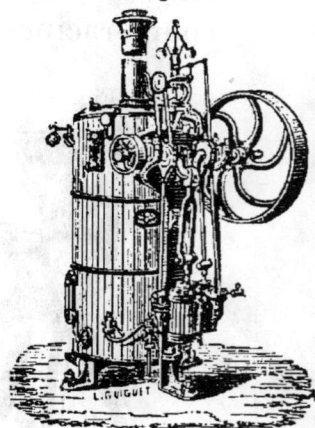

La batteuse fixe mue par un manège à 1, 2, 3 ou 4 chevaux, également fixe (fig. 62).

La même batteuse, mais plus forte, actionnée par la vapeur à l'aide d'une machine horizontale (fig. 63) ou d'une machine verticale (fig. 64).

Puis viennent les machines ambulantes, de même
forme à peu près que les précédentes, mais mises en
marche par un manège également portatif ou sur
roues ; celles dites à plan incliné (fig. 65), et celles
dites à grand travail (fig. 66) mues par une machine
locomobile.

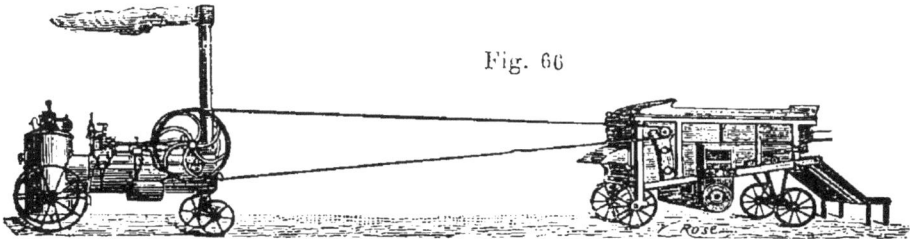

Fig. 66

On commence à appliquer aux machines à battre
à grand travail un appareil lieur (fig. 67), c'est-à-dire
que la paille se trouve liée automatiquement à la ficelle, à un ou deux liens.

Les moteurs sont également fixes ou montés sur
roues, qu'ils soient à vapeur ou à traction de chevaux ;

Fig. 67

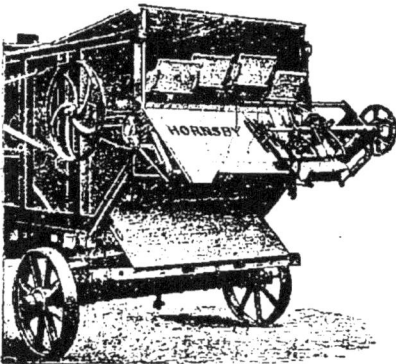

Fig. 65

on a même inventé un manège à plan incliné sur lequel on place un cheval ; ce plan incliné est monté sur

galets formant chaîne sans fin ; lorsque le cheval se met à marcher, il n'avance pas, c'est le tablier ou plate-forme qui se dérobe sous lui, et qui communique le mouvement à la batteuse (fig. 66).

Les charriages sont faits à l'aide de banneaux à 2 ou 4 roues, de charrettes ou de chariots; pour transporter les engrais liquides, on se sert de tonneaux montés sur un camion et munis d'un système d'épan-

Fig. 68   Fig. 69   Fig. 70

 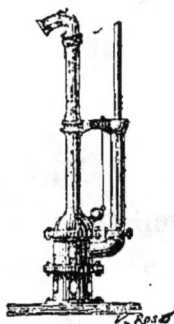 

dage quelconque (fig. 68); on emplit les tonneaux à l'aide de pompes fixes ou portatives, simples (fig. 69) ou à double effet, c'est-à-dire aspirantes et foulantes (fig. 70) ; il y a des tonneaux munis d'une pompe pneumatique.

Il est encore une foule d'autres instruments que l'on trouve dans l'intérieur d'une ferme; tels les bascules à

Fig. 71   Fig. 72

 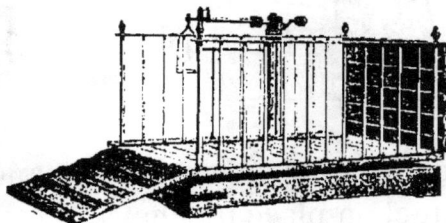

grain (fig. 71), et à bestiaux (fig. 72) ; les pressoirsbroyeurs à cylindres, ou les tours dans lesquels les pommes sont écrasées par une roue que tire un cheval; les presses à pommes; les couveuses et les éleveuses artificielles. (Voir *cidre, poiré et animaux de basse-cour*).

— *Quels sont les principaux instruments d'extérieur ou servant directement à la culture de la terre?*

Pour la culture des terres, on emploie les instruments suivants: les charrues, la fouilleuse, les herses, les rouleaux, la herse-Bataille ou extirpateur, le scarificateur, la houe, le buttoir, les semoirs, la faux, la faucille, la sape, la faucheuse, la moissonneuse, la faneuse, le râteau, etc.

— *Quels en sont les usages, et quelles sont les meilleures conditions de leur établissement et de leur perfectionnement?*

La charrue a toujours, dans la contrée, un avant-train; on n'y connaît point l'araire, ou charrue sans avant-train.

Les charrues le plus habituellement employées sont : la charrue Dombasle ou Belette (fig. 73); les principales pièces de cette charrue sont, en dehors de l'avant-train : l'âge ou la haie A, le coutre B, le soc C, la

Fig. 73

pointe C', le versoir E, le sep ou traîneau, le talon D, les étançons, les mancherons G, le régulateur H au moyen duquel on augmente ou on diminue la profondeur des labours; dans la grande charrue ou charrue Cauchoise (fig. 74), on retrouve : l'âge A, le coutre E, le soc et la pointe C, le versoir F, le sep ou talon D, les mancherons C.

La charrue Brabant double (fig. 75), par la disposi-

Fig. 74

Fig. 75

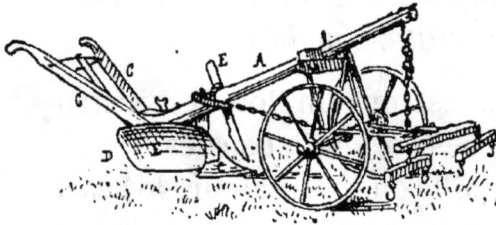

tion spéciale de ses socs superposés, permet de renverser la terre toujours du même côté, et d'éviter de faire des planches ou endos; cette charrue n'a pas de mancherons généralement; elle est très fixe dans le sol, et n'a pas besoin d'être soutenue; au bout de la raie on la retourne, au moyen du levier qui est à l'arrière.

Lorsqu'on veut retourner un champ sans lui donner de labours superficiels, on se sert d'une charrue munie de deux socs : le premier plane la surface, jette l'herbe de côté; le second soc, précédé du coutre, soulève et retourne la couche inférieure sous laquelle la partie enlevée par le premier soc se trouvera enterrée (fig. 76).

Fig. 76

On a essayé en France une charrue américaine, dite

charrue Tilbury (fig. 77); elle diffère considérablement des autres ; le conducteur est monté sur un siège; il a à sa portée les leviers destinés à augmenter ou à diminuer la profondeur du labour ; le coutre est

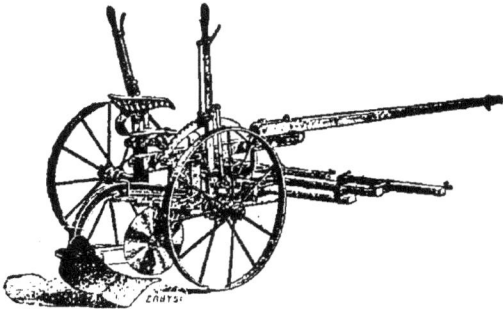

Fig. 77

remplacé par un disque coupant; il n'y a ni sep ni étançons ; le soc est, pour ainsi dire , la continuation de l'âge.

Il y a encore des charrues à 2, 3 et 4 socs , dites : bisocs, trisocs, polysocs, qui servent à déchaumer ou à donner de petits labours; la profondeur se règle au moyen de leviers (fig. 78).

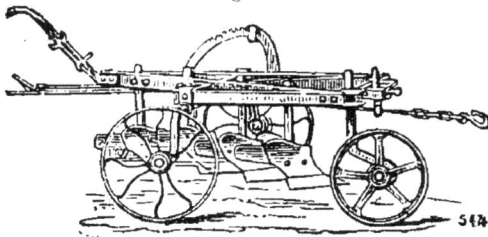

Fig. 78

La herse-bataille diffère peu de l'extirpateur (fig. 79) qui lui-même ressemble beaucoup au scarificateur ; ils servent les uns et les autres à déchaumer, mais surtout à relever des labours déjà un peu vieux.

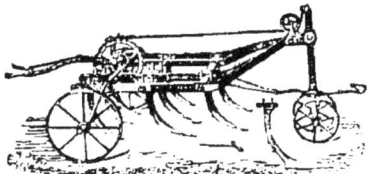

Fig 79

La charrue fouilleuse est employée dans les terrains à sous-sol imperméable , afin de diminuer le degré d'humidité du sol: on la fait passer dans le fond de la raie, derrière la charrue ; elle se compose soit d'un seul soc (fig.80),soit de 2 ou 3 fortes tiges en fer et aciérées; on remplace quelquefois la charrue fouilleuse en adaptant à la charrue des crocs qui déchirent le sous-sol, mais ils seraient insuffisants si le sous-sol présentait une grande tenacité ou contenait beaucoup

Fig. 80

de pierres (voir sous-sol).

Les herses sont à dents de fer, et, rarement aujourd'hui, à dents de bois : elles sont de différentes formes, triangulaires (fig. 81) ou carrées (fig. 82); on fait maintenant des herses tout en fer et articulées (fig. 83 et 84), c'est-à-dire que chacune de leurs parties est mobile ce qui leur permet de suivre toutes les ondulations du terrain; leur travail est bien supérieur à celui des anciennes herses.

Il y a plusieurs genres de rouleaux; les rouleaux plombeurs ou compresseurs qui servent à tasser le sol, à en unir la surface, et les rouleaux brise-mottes destinés, comme leur nom l'indique, à écraser et réduire les mottes de terre.

Les premiers, faits autrefois en bois, sont maintenant construits en fonte ou en tôle, et divisés en deux ou trois parties, ce qui facilite beaucoup leur travail et leur direction dans les tournants; ils sont à limonière ou à timon, et même à avant-train, suivant qu'ils doivent être traînés par un ou plusieurs chevaux (fig. 85). Pour fouler les blés au printemps, on

Fig. 81

Fig. 82

Fig. 83

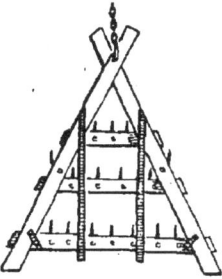

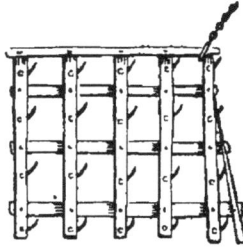

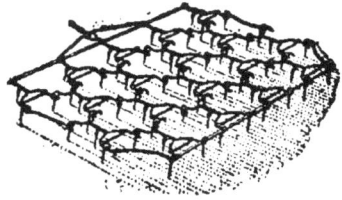

Fig. 84

Fig. 85

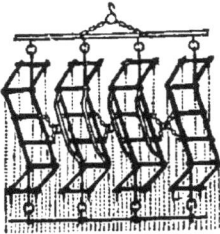

Fig. 86

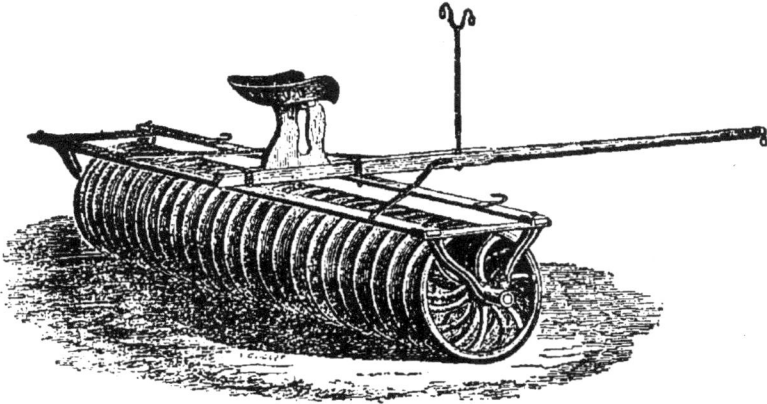

Fig. 87

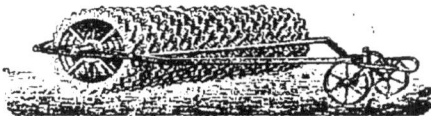

se sert encore, dans le pays de Caux. de grands rouleaux composés de roues en bois et ferrées.

Les rouleaux brise-mottes sont cannelés (fig. 86) ou **armés** d'une espèce de denture ; on les désigne quelquefois sous le nom de rouleaux Crosk ill (fig. 87).

Il y a quelques instruments spéciaux dont l'usage ne s'est encore guère généralisé, tels : l'arrache-pommes de terre (fig. 88), qui est une espèce de **charrue** dont la pointe passe sous la rangée de tubercules ; ils

Fig. 88

sont soulevés, débarrassés de leur terre et projetés de **côté** par des palettes fixées sur les étançons, sur le sep ou sur l'âge même de la charrue ; cet instrument fonctionne bien, surtout par un beau temps et dans un terrain sablonneux ; ailleurs les tubercules **restent chargés** de terre : l'arrache-betteraves est **encore** moins répandu ; le principe de sa construction est le même.

Les houes à cheval sont de formes très **variées** suivant leur usage ; depuis la houe à colza à laquelle on adapte un buttoir, jusqu'à la houe qui est **employée pour** le râtissage des grains semés en lignes espacées de 0m16, 0m20 ou 0m30.

La houe à colza, très répandue dans la Seine-Inférieure n'a qu'une roue qui suit la trace du seul cheval

très suffisant pour sa traction ; la profondeur se règle
au moyen d'une crémaillère ; la houe se compose de
trois maîtres dont le principal, celui du milieu, est fixe ;
les deux autres sont rattachés au moyen de charnières
qui permettent d'augmenter ou de diminuer l'écartement des dents ; une mortaise percée dans l'extrémité du maître est destinée à recevoir le buttoir
composé d'un soc, muni, sur chacun de ses côtés,
d'un versoir à charnières dont il est ainsi possible de
régler l'écartement, suivant celui des plantes à butter;
on emploie aussi cette houe pour nettoyer les racines
sarclées; dans les terrains à sous-sol peu résistant, on
peut se servir aussi de cette houe comme fouilleuse,
en supprimant les dents de l'extrémité; pour certaines
cultures, on a aussi un buttoir spécial (fig. 89).

Semer en lignes est un procédé de culture certes très
recommandable, mais il ne rendra tous les bons effets
qu'on est en droit d'en attendre qu'autant qu'il sera
complété par les sarclages et les binages; l'herbe, en
effet, ayant plus d'air entre les lignes, s'y développe
d'autant plus facilement, et cela au détriment de la
plante cultivée ; d'un autre côté, en ratissant ou re-

Fig. 90

Fig. 89

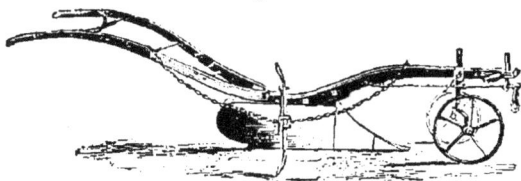
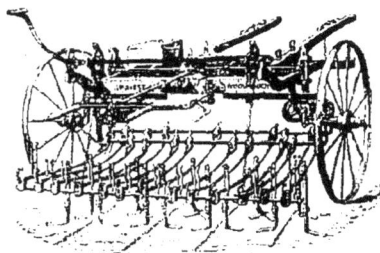

muant le sol au printemps, on active la végétation, les
cassures ou les fentes de la terre se trouvent rebou-
chées bien mieux que par les hersages ; malheureuse-
ment le prix de ce genre de houe (fig. 90), sa direction

un peu difficile, en rendent la propagation très lente;
il y a des houes beaucoup plus simples (fig. 91), mais
leur travail est moins parfait.

Fig. 91

Un des instruments perfectionnés les plus répandus, est certainement le semoir ; il y a le semoir en
lignes ; le semoir à la volée, et le distributeur d'engrais pulvéru--
lents.

Fig. 92

Le semoir en
lignes à tous
grains (fig. 92),
se compose
d'une boîte dans
la quelle on dé-
pose la semence ;
cette boîte est munie de petites portes à glissières
qui laissent, mais lentement, pénétrer la semence
dans une autre boîte à compartiments ; dans chacun
d'eux, tournent des plaques rondes montées sur un
arbre de couche et munies, sur chacun de leurs
côtés, de petites cuillers ; dans le mouvement de rotation imprimé par l'arbre de couche, les cuillers se char-
gent de grains qu'elles déversent dans un godet qui
correspond à un tube ou à une série de tubes condui-
sant exactement le grain dans le sillon ouvert par le soc

du semoir: l'arbre de couche est mis en mouvement au moyen d'un pignon qui s'engrène sur une roue dentée faisant corps avec la roue du semoir; de la grandeur du pignon employé, dépend la quantité de grain répan-due ; presque tous les semoirs sont au-jourd'hui à avant-train, leur conduite en est devenue plus facile et plus régu-lière.

Fig. 93

Le semoir à en-grais (fig. 93) ne dif-fère du semoir à grain que par l'absence des socs et des tubes; l'engrais tombe sur une espèce de plate-forme inclinée. munie de pointes pour le diviser et l'empêcher de s'amasser en tombant sur le sol.

Le semis à la volée a aussi ses partisans, mais les bons semeurs deviennent rares ; on a recours à un se-moir (fig. 94) qui a l'avantage de répandre très régu-lièrement le grain, et de permettre de faire beaucoup de travail ; il y en a de 2m50, 3m et 3m50 de largeur; un cheval les conduit sans

Fig. 94

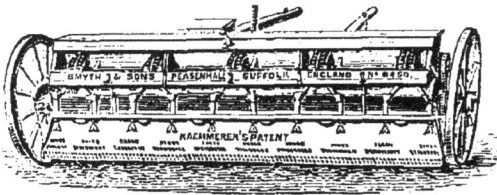

peine; le grain est déposé dans une caisse garnie, à sa partie inférieure, de trous, fermés par des palettes mon-tées sur une tige de fer; en éloignant ou en rapprochant ces palettes, on règle l'ouverture des trous au-dessus desquels une vis sans fin amène le grain qui tombe sur une planche inclinée garnie de pointes destinées à assurer la parfaite distribution du grain ; la vis est quelquefois remplacée par des plaques rondes munies de cuillers. Pour transporter ce semoir, que sa largeur ne permettrait point de faire passer aux barrières de ferme, on le démonte, et on met les roues sur chacun des côtés de la caisse : il n'a plus alors que 1m50 de large environ.

Pour les petites exploitations, on a le semoir à brouette à la volée (fig. 95), qui est un diminutif du précédent ; le semoir à racines (fig. 96).

Fig. 96

Fig. 95

Il est encore une foule d'autres semoirs, nous ne pourrions les citer tous ; nous nous arrêtons aux principaux.

Pour la récolte des fourrages et des céréales, on a recours aux anciens instruments : la faux, la faucille, la sape, la faucheuse, la faneuse, le râteau, la moissonneuse et la moissonneuse-lieuse ; des premiers nous dirons peu de chose, car tout le monde les connaît ; nous nous arrêterons plus longtemps sur les instruments perfectionnés dont on apprécie aujourd'hui l'importance et l'emploi avantageux.

La *faucheuse* est exclusivement employée à la coupe des fourrages et prairies, elle est très répandue.

Elle se compose d'une barre-coupeuse divisée en un porte-lame, muni de doigts destinés à éviter les pierres et à amener le fourrage sous les dents de la scie ou lame ; la scie, composée de sections, repose sur le porte-lame et passe entre ses doigts ; elle coupe en opérant un mouvement de va-et-vient qui lui est imprimé par une bielle fixée sur sa tige, et dont l'autre extrémité s'adapte sur un pignon commandé par un engrenage, lequel se trouve actionné par l'essieu ou les roues de la machine même ; la hauteur de la coupe se règle au moyen d'un levier à la portée de la main du conducteur; en avant de la barre coupeuse se trouve une roue, remplacée quelquefois par un sabot ou patin qui glisse sur le sol et maintient la position horizontale du porte-lame; au bout du porte-lame se trouve une autre petite roue destinée à l'élever ou à l'abaisser ; une planche, qui glisse sur le sol, sert à la formation de l'andain.

Fig 97

Fig. 98

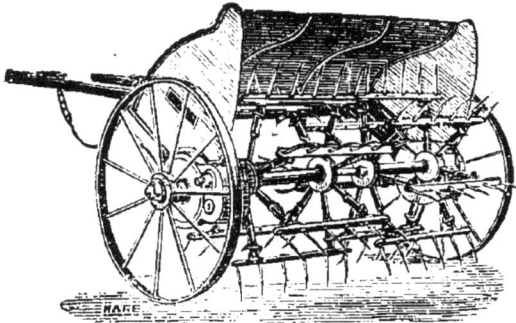

Il y a des faucheuses à limonière pour un cheval, et à timon ou flèche pour deux chevaux (fig. 97).

Derrière la faucheuse qui laisse le fourrage en andain, on fait passer la *faneuse* (fig. 98) pour le diviser et l'épandre; les roues de cet instrument sont munies de pignons qui commandent des ailettes garnies de dents ou fourches; le mouvement de ces ailettes est plus ou moins rapide, suivant la grandeur du pignon; on peut même les faire fonctionner en les faisant tourner soit en avant soit en arrière; les fourches soulèvent alors le foin, ou se bornent à le retourner suivant les besoins; afin d'éviter que le fourrage, dans le mouvement de rotation énergique qui lui est donné par la machine, ne vienne retomber sur le cheval, on garnit la faneuse d'une grille ou d'une capote métallique; on règle à volonté la hauteur des dents des ailettes d'après l'épaisseur du fourrage.

Pour ramasser le fourrage ainsi que les tiges des céréales qui peuvent rester sur le champ, après leur mise en moyettes ou leur récolte, on a recours au *râteau à cheval* (fig. 99); la conduite en est des plus faciles, aussi son emploi s'est-il généralisé; lorsque les dents sont remplies, il suffit d'appuyer sur un levier pour qu'elles se déchargent; il est même des instruments où la décharge se fait automatiquement, par les roues mêmes du râteau, munies d'un appareil spécial.

Fig. 99   Fig. 100

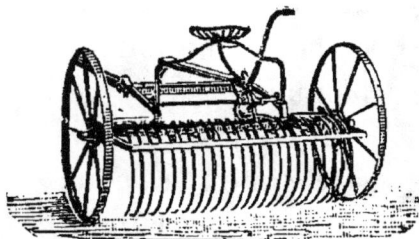 

La *moissonneuse* (fig. 100) est presque exclusivement réservée à la coupe des céréales; on l'emploie quel-

quefois au fauchage des fourrages que l'on veut
relever en petites moyettes ; sa construction se rapproche beaucoup de celle de la faucheuse ; la moissonneuse simple n'a qu'une roue ; toutes les moissonneuses ont, adapté à la barre-coupeuse, un tablier ou plate-forme où tombent les tiges coupées et
que viennent ramasser, pour en faire des javelles,
des râteaux qui se relèvent après avoir projeté la
javelle sur le sol. Ces râteaux sont fixés sur une tige
unique, mais ils sont munis d'un galet qui court sur
un rail ondulé et les fait s'abaisser ou se relever, soit
qu'ils s'approchent de la plate-forme ou s'en éloignent.
A l'aide d'une pédale, le conducteur peut forcer le
râteau à se relever et l'empêcher de dégager la
plate-forme, ce qui facilite et simplifie la marche
de la machine dans les angles ou dans les tournants, en évitant l'encombrement de la piste et le
piétinement des javelles par les chevaux ; il y a des
moissonneuses à un cheval et des moissonneuses à
deux chevaux.

Afin d'éviter l'achat des deux instruments, faucheuse et moissonneuse. on a imaginé une machine
qui pût faire indistinctement le travail de chacune
d'elles, c'est la *faucheuse-moissonneuse* ou *faucheuse
combinée* : on enlève alors la barre-coupeuse de la
faucheuse à laquelle on adapte la barre et la plate-
forme ainsi que l'appareil javeleur ou râteaux de la
moissonneuse ; on diminue la vitesse de la scie ou
lame, en changeant le pignon qui la commande ;
la coupe des céréales exige moins de vitesse que celle
des fourrages.

Il y a, comme dernier perfectionnement, la *moissonneuse-lieuse* ; c'est un instrument compliqué et dont

la construction est très difficile à détailler (fig. 101); on retrouve la barre-coupeuse placée et action-

Fig. 101

née comme dans les autres moissonneu-ses ; seulement, les tiges des céréales , amenées par des ra-batteurs, au lieu de tomber sur une plate forme et d'en être enlevées par des râ-teaux , tombent sur un tablier en toile, monté comme une chaîne sans fin ; ce tablier entraîne les tiges des céréales vers d'autres toiles qui les repren-nent et les conduisent dans l'appareil lieur où elles arrivent parfaitement rangées.

Aussitôt qu'il y en a une quantité déterminée, car la grosseur des gerbes varie à volonté, le mécanisme lieur est mis en mouvement, les tiges se trouvent pressées, enroulées par la ficelle à laquelle est fait un nœud très solide (fig. 102 et 103); puis la ficelle se trouve coupée, et la gerbe est déposée sur le sol ; il y a des

Fig. 102

Fig. 103

machines qui sont munies d'un porte-gerbes, c'est-à-dire qu'elles conservent trois ou quatre gerbes avant de les laisser tomber à terre où elles se trouvent ainsi placées en rang; la mise des gerbes en veil-lottes ou cosaques en est rendue plus prompte et plus facile ; ces machines exigent trois chevaux et demandent beaucoup d'attention de la part du conduc-teur.

Les outils le plus communément employés pour la récolte des fourrages et des céréales, sont : la faux nue, la faux montée, la faucille, la sape et son crochet, les râteaux et les fourches : leur usage, comme leur construction sont trop connues pour qu'il soit utile d'en faire une longue description. La faux nue (fig. 104), sert à couper les fourrages qui doivent rester en andain et être fanés : la faux armée de crochets (fig. 105) est employée à la récolte des céréales destinées à être mises en javelles ou jetées en andain, comme l'orge et l'avoine ; la faucille (fig. 106) sert à la personne qui suit le faucheur et est appelée à mettre le grain en javelles. On se sert peu de la sape dans la Seine-Inférieure ; il n'y a guère que les moissonneurs venant de la Picardie qui l'emploient, et qui le font avec une grande habileté : l'homme tient la sape (fig. 107) de la main droite, coupe le grain qu'il roule avec le crochet (fig. 108),

Fig. 104   Fig. 105   Fig. 106   Fig. 107   Fig. 108

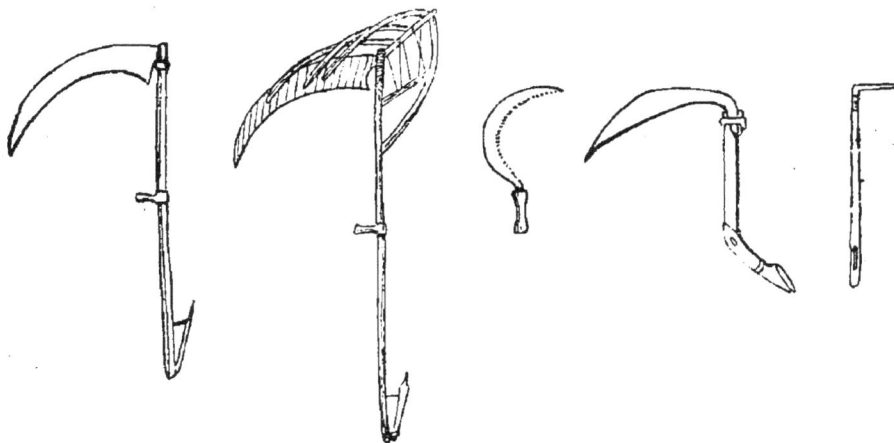

en le soutenant avec son pied ; lorsqu'il en a assez pour former une javelle, il l'enlève et la dépose sur le sol ; au lieu de couper en avançant comme le faucheur, le sapeur coupe en reculant.

Pour affûter les faux, on n'a point recours à la meule, mais à une enclume que l'on enfonce en terre; dessus on pose le taillant de la faux sur lequel on frappe avec un marteau, c'est ce que l'on appelle rebattre sa faux, c'est-à-dire lui refaire le taillant que l'on étire et que l'on aiguise ensuite avec une pierre à main et un *rifle* ou bâton sur lequel on étend du grès pilé et trempé dans du cidre ou du vinaigre pour donner du mordant.

Pour affiler les scies des faucheuses et des moissonneuses, on a au contraire recours à des meules en grès ou en émeri ; quelques-unes sont biseautées afin de permettre d'aiguiser d'un seul coup les deux côtés des dents de la scie. Il y a des meules munies de pédale et de supports pour la scie qu'ils approchent ou éloignent automatiquement (fig. 109).

Fig. 109

Tous ces instruments doivent être tenus dans un grand état de propreté; on les démontera pour les nettoyer aussitôt les travaux terminés, afin de les retrouver prêts à fonctionner dès qu'on en aura besoin ; ils se détériorent beaucoup lorsqu'on les laisse, d'une saison à l'autre, chargés de terre, de poussière, etc.

Chapitre VII.

Bestiaux et animaux domestiques.

Quelles sont les principales espèces et races de bestiaux et d'animaux domestiques que l'on entretient dans la contrée? — Quelle en est l'utilité? — Quels en sont les avantages? — Qu'entend-on par animaux de travail et animaux de rente? — A quels signes doit-on le plus s'attacher dans le choix d'un taureau, d'une vache laitière? — Qu'entend-on par signes lactifères? — En combien d'ordres M. Guénon a-t-il classé les vaches laitières? — Quels soins doit-on donner aux animaux et comment doit-on les traiter? — Qu'entend-on par ration; par ration d'entretien et ration de production? — Quel est, dans une bonne exploitation, le rapport entre sa contenance et le nombre d'animaux qui y sont entretenus?— Quels sont les animaux, oiseaux et insectes que l'on doit considérer comme nuisibles à l'agriculture? — Quelles sont les principales espèces et races de bestiaux et d'animaux domestiques que l'on entretient dans la contrée? — Quelle en est l'utilité? — Quels en sont les avantages?

Par espèce, il faut entendre tous les animaux d'une même famille, quels que soient du reste leur sexe, leurs formes ou leurs aptitudes; tels les taureaux, bœufs, vaches, veaux qui seront compris dans *l'espèce bovine*.

La *race*, au contraire, c'est le classement, la distinction établie entre individus d'une même famille, mais qui présentent entre eux des différences dans leurs formes ou leurs aptitudes, différences qu'ont pu produire la sélection chez les reproducteurs, l'influence du sol, du climat ou de la nourriture ; ainsi dans l'espèce bovine, on distingue les animaux des races Durham, Normande, Bretonne, Flamande, etc., dont les caractères sont parfaitement distincts.

Comme animaux domestiques, on élève dans la contrée ceux des espèces *chevaline, asine, bovine, ovine, porcine, caprine, canine, féline ; les animaux et oiseaux de basse-cour (lapins, poules, dindes, oies, canards, pintades, etc.), puis les abeilles.*

Les *chevaux* sont employés aux travaux des champs, au gros camionnage dans les villes, aux transports accélérés, à l'attelage et à la selle ; après leur mort, on tire parti de leur peau ou cuir, et quelquefois de leur chair ou viande.

Les *ânes* (espèce asine), *et les mulets* sont relativement peu nombreux dans la région, et sont, dans tous les cas, utilisés en dehors des travaux des champs ; ce sont des bêtes rustiques, patientes, peu exigeantes au point de vue de la nourriture, et qui rendent des services ; le mulet est le produit du croisement de l'âne et de la jument ; du croisement du cheval et de l'ânesse, on obtient le bardeau ; ni l'un ni l'autre ne peuvent se reproduire.

Des animaux de *l'espèce bovine*, on a le travail, le lait, la crème, le beurre, le fromage, la viande, la graisse, le cuir, les cornes.

Le *mouton* nous donne de la laine, de la viande, du cuir et du suif.

Le *porc* fournit sa viande et sa graisse.

La *chèvre*, cette vache du pauvre, donne du lait en quantité relativement grande pour sa taille.

Les *volailles ou oiseaux de basse-cour* fournissent chair, œufs et plumes.

Le *lapin* coûte peu à élever ; on en tire de la viande, et, de sa fourrure, on fabrique des chapeaux.

Les *abeilles* fournissent le miel et la cire, et ne coûtent absolument rien comme entretien.

— *Qu'entend-on par animaux de travail et animaux de rente ?*

On appelle : *animaux de travail*, ceux que nous utilisons pour nos travaux habituels, le cheval, le mulet, l'âne et le bœuf ; *animaux de rente*, ceux que nous entretenons en vue d'en tirer un produit quelconque, viande, lait, laine, etc. Tous les animaux, sans exception, doivent être traités avec la plus grande douceur, être bien nourris, et tenus toujours dans un grand état de propreté.

Espèce chevaline. — Dans la contrée, *l'espèce chevaline* présente des animaux de types et de caractères bien différents ; les chevaux de trait, ce sont les plus nombreux ; les chevaux de demi-sang, dits de luxe ; les chevaux de pur-sang y sont assez rares.

Les *chevaux de trait* appartiennent aux races boulonnaise, percheronne (fig. 110), cauchoise, ou proviennent, et c'est le cas le plus général, du mélange de ces diverses races entre elles ; ils sont utilisés aux travaux des champs, au camionnage, à la traction rapide des omnibus, tramways ou autres services accélérés ; les cultivateurs les mettent au travail dès l'âge de deux ans, à 18 mois même, et les vendent

Fig. 110

ensuite, à l'âge de 4 et 5 ans, pour les autres travaux plus pénibles que ceux de la ferme ; l'armée y trouve des chevaux de trait et d'artillerie.

La race des *demi-sang* comprend des animaux croisés, à un degré plus ou moins accusé, avec le cheval de pur-sang ; on les désigne sous les noms d'anglo-normands, de chevaux de luxe; c'est parmi eux que l'on trouve les carrossiers, destinés à l'attelage de luxe, et les chevaux de selle, recherchés pour la remonte de notre cavalerie, soit comme chevaux de carrière (pour les écoles de Saumur, Saint-Cyr, etc.); de réserve (cuirassiers), de ligne (dragons, état-major), ou de légère (hussards, chasseurs); les chevaux de tête sont destinés aux officiers, les autres rentrent dans le rang.

Ils fournissent de nombreux concurrents dans les courses au trot attelées ou montées où ils sont arrivés

Fig. 111

à déployer une grande vitesse, grâce à un entraînement bien compris.

On entend par *entraînement* le travail préparatoire que l'on fait subir au cheval afin de développer ses muscles : de donner de la consistance à sa chair, c'est-à-dire de l'empêcher d'engraisser malgré une nourriture très riche et très excitante ; de l'habituer, à la longue, aux efforts qui lui seront demandés le jour de la course.

L'élevage du cheval de demi-sang (fig. 111) est plus coûteux que celui du cheval de trait, parce qu'il travaille plus tard, et est moins propre aux gros et lents travaux des champs; mais généralement il se vend plus cher.

La race de *pur-sang*[1] comprend trois catégories :
le *pur-sang anglais* (fig. 112),

Fig. 112

le pur-sang arabe (fig. 113), et le pur-sang anglo-arabe;

Fig. 113

(1) Sont seuls reconnus de pur-sang, les chevaux inscrits à leur naissance sur le livre généalogique de cette race, appelé le Stud-Book.

ce n'est qu'exceptionnellement qu'on en élève dans la contrée; ils ne sont point propres aux travaux des champs, et très peu à l'attelage; on les recherche pour la chasse, les courses au galop, plates ou à obstacles; ils sont utilisés comme reproducteurs, en vue d'augmenter la dose de *sang* chez ceux des animaux de demi-sang qui en manquent.

Les juments portent de dix mois et demi à onze mois et demi : les poulains naissent habituellement de février à mai, et on les sèvre à l'âge de 4 à 6 mois; lorsque les mères travaillent pendant l'allaitement, il est bon, au moment de leur rentrée du travail, de leur tirer un peu de lait, dans la crainte qu'il ne soit échauffé, ou que le poulain ne se fasse mal en en buvant une trop grande quantité.

Lorsqu'on sèvre le poulain, on a l'usage de frotter la mamelle de la mère avec de la craie ou de l'argile délayée dans du vinaigre, afin de chasser ou faire remonter le lait.

On laisse les poulains courir en liberté et pâturer dans les herbages et les prairies; on leur donne, pendant la mauvaise saison tout au moins, un peu d'avoine et du fourrage; il faut éviter de les tenir enfermés dans des locaux trop chauds, afin de ne point les exposer à un refroidissement lorsqu'on les lâche en liberté; on les fait aussi pâturer au piquet. On devra accoutumer les jeunes animaux à se laisser approcher, et à se laisser toucher; avec de la douceur et de la patience, on y parvient sans peine.

Lorsqu'on veut acheter un cheval, il faut s'attacher, à ce qu'il ait de bons pieds, les aplombs solides et bien tendus, les membres bien nets, le dos ou rein court et bien soutenu, l'encolure légère, la tête fine, les yeux expressifs; qu'il marche et qu'il trotte régulièrement, sans jeter les pieds ou les jambes en dehors ou en dedans de la ligne droite; lorsque le cheval tourne la pointe des pieds (pince) en dedans, on dit qu'il est cagneux; si au contraire la pince, ou pointe des pieds est en dehors, il est panard; les jarrets ne doivent être ni serrés ni trop ouverts; le cheval est pinçard, lorsqu'il marche sur la pointe du pied; si le genou sort en avant, on dit du cheval qu'il est arqué; si le genou est renversé en arrière, on dit qu'il a le genou de veau; il est ensellé, quand le rein n'est point assez soutenu.

Les maladies les plus communes sont : la gourme (étranguillon), l'angine, la bronchite, la fluxion de poitrine, le cornage, la pousse, la fièvre typhoïde, les entérites (tranchées), etc.

Les tares les plus communes se divisent en : tares osseuses, comme : la forme qui se développe soit au-dessus de la couronne, au haut du sabot, à la naissance du poil, soit sur le poignet ou paturon; le suros qui prend naissance sur l'os des canons, généralement à la suite de coups, de contusions faites par un corps dur; l'éparvin qui apparaît à la face interne et au bas du jarret; la jarde ou jardon qui se trouve au contraire à la face externe, et qui contourne quelquefois le jarret, en arrière, en soulevant le nerf fléchisseur, ce qui fait boiter le cheval; les tares molles sont : les mollettes, qui se développent au-dessus des poignets; les vessigons qui ont leur siège dans le jarret.

On entend par vices *rédhibitoires* les maladies ou accidents qui peuvent diminuer, considérablement quelquefois, la valeur d'un cheval, sans que celui qui l'achète puisse s'en apercevoir et s'en rendre compte ; la loi, dans ce cas, pour le préserver contre toute tromperie de la part d'un vendeur malhonnête, l'autorise à rendre le cheval dans un délai de 9 jours, non compris le jour de la livraison, et, en outre, ce délai est augmenté d'un jour en plus par chaque 5 myriamètres de distance entre l'endroit où se trouve le cheval et le domicile du vendeur. Les *vices* qui donnent lieu à l'annulation de la vente sont : *la morve, le farcin, l'immobilité, le tic avec ou sans usure des dents, les boiteries anciennes intermittentes, le cornage, l'emphysème pulmonaire, et la fluxion périodique des yeux;* mais pour cette dernière affection, le délai de garantie est élevé de 9 à 30 jours.

Outre les molaires, les crochets ou dents angulaires, le cheval a 12 dents incisives, 6 à la mâchoire supérieure, 6 à la mâchoire inférieure ; elles servent à couper les aliments ; c'est par elles que l'on constate l'âge d'un cheval. Quelque temps après sa naissance, il pousse au poulain des dents de lait, ainsi nommées parce qu'il les porte pendant qu'il tète encore sa mère; les pinces, les deux dents du milieu en haut et en bas, soit 4, poussent à 8 jours environ; les 4 mitoyennes, qui se trouvent de chaque côté des pinces, sortent vers l'âge de 1 mois à 1 mois 1/2 ; enfin, les 4 autres dents, appelées coins, apparaissent vers l'âge de 8 à 10 mois ; ces dents sont caduques et font place à des dents d'adultes, dites de remplacement, qui apparaissent : les pinces, à 2 ans 1/2; les mitoyennes, à 3 ans 1/2, et les coins à 4 ans 1/2; on peut encore continuer à juger l'âge des chevaux après cinq ans en examinant

la forme des dents, mais il faut une grande expérience
pour éviter alors les erreurs, et cette étude nous entraî-
nerait dans de longs développements.

Les aliments qui composent la ration du cheval
sont : l'avoine, le foin, les trèfles, le sainfoin, la luzerne,
la paille, le son, le maïs ; on calcule qu'un cheval
peut fournir de 12 à 15.000 kilogr. de fumier par an.

Espèce bovine. — Les animaux de *l'espèce bovine*,
dont nous avons précédemment reconnu l'utilité,
peuvent se diviser en deux grandes classes : ceux
qui sont destinés à être, de bonne heure, livrés à la
boucherie, et ceux qui sont entretenus en vue de la
production du lait ou de ses dérivés, comme : la crème,
le beurre et le fromage ; les animaux susceptibles
d'un engraissement précoce appartiennent à la race
anglaise de Durham, soit à l'état pur, soit comme
croisements ; les vaches laitières sont presque toutes
de la race Normande (Cotentine, Augeronne ou Cauchoise), et sont plus ou moins pures ; on rencontre

Fig. 114

des animaux de la petite race Bretonne (fig. 114), de

la race Hollandaise (fig. 115 et 116). toutes deux au

Fig. 115

Fig. 116

pelage noir et blanc ; de la race Flamande (fig. 117),

Fig. 117

au pelage rouge vif ; puis, des bêtes bovines dont

il serait difficile de déterminer les caractères; quant aux rares bêtes de travail qui sont dans la contrée, ce sont des Nivernaises ou Charollaises, au pelage roux ou froment (fig. 118).

Fig. 118

C'est surtout dans la plaine de Caux que l'on rencontre des Durhams de race pure [1] (fig. 119),

Fig. 119

(1) Les animaux de race pure sont, à leur naissance, inscrits sur un livre généalogique, appelé Herd-Book (livre du bétail); il y a un Herd-Book pour les Durhams; il y en a un également pour la race Normande; un pour la race Bretonne, etc. Ces livres ont été créés en vue d'assurer et de conserver la pureté des races.

9

ou des Durhams croisés avec la race locale (fig. 120);
leur pelage est rouge, blanc ou rouenné ; ils engraissent très facilement ; ils sont de taille moyenne ; ils
ont la tête longue, avec le museau étroit ; leurs poi-
trines sont très descendues, larges et proéminentes ;
la ligne du dos est très soutenue, les hanches sont
larges et saillantes ; leurs formes sont, en général,
très belles ; si les Durhams s'engraissent facilement,

Fig. 120

ils sont en général peu recommandables au point de
vue de la production du lait. On élève les veaux, que
l'on fait castrer, pour en faire des bœufs qui sont
engraissés dès l'âge de 2 ans 1/2 à 3 ans ; à cet âge,
leur chair est très tendre, mais peu succulente, et
presque jamais marbrée ou entrelardée, c'est-à-dire
que, dans le maigre, on ne remarque point de petites
parcelles de graisse.

La race Normande a une très grande réputation
comme laitière ; non seulement elle produit beaucoup
de lait, mais ce lait est très riche en beurre. Cette
race n'a point de pelage particulier qui la caractérise,
bien que la couleur bringée domine ; les animaux sont

d'assez forte taille, ils ont la charpente osseuse plus développée que les Durhams; leur tête est courte, leur museau est large ; les cornes, très fines chez la variété Cotentine, sont plus fortes chez les sujets des variétés Augeronne et Cauchoise. Si la race Normande (fig. 121 et 122) ne présente point une grande préco-

Fig. 121

Fig. 122

cité à l'engraissement, elle fournit de la viande savoureuse, très estimée et d'excellente qualité.

Une vache, bonne laitière, peut donner jusqu'à 25 et 30 litres de lait par jour ; cette quantité diminue à mesure que l'on s'éloigne de l'époque de son vêlage; pourtant les meilleures vaches donnent la même quantité de lait pendant 3 et 4 mois.

On trait les vaches 2 et 3 fois par jour ; la qualité, l'abondance et le choix de la nourriture favorisent beaucoup la production du lait ; on calcule que les vaches bonnes laitières peuvent donner 2.000, 2.500 et même 3.000 litres de lait par an, mais il est plus ou moins riche en beurre ; on trouve des vaches qui produisent 500 à 700 grammes de beurre par jour.

— *A quels signes doit-on le plus s'attacher dans le choix d'une vache laitière? — Qu'entend-on par signes lactifères?*

Les signes généraux qui caractérisent une bonne vache laitière sont les suivants : tête et cornes fines ; yeux gros et vifs ; regard doux ; air féminin ; cou mince ; cuir, peau de la mamelle fins et souples ; pis ample, bien attaché, avec les quatre trayons également conformés et espacés (fig.123) ; les veines qui sont en avant

Fig. 123

de la mamelle et s'avancent sous le ventre, doivent être très développées ; le trou où elles viennent se terminer et qui s'appelle *fontaine* ou *source*, doit être assez grand et profond pour qu'on puisse y introduire le bout du doigt ; le poil qui recouvre le pis ou la mamelle, doit être très fin et soyeux ; on reconnaît qu'une vache donnera de bon lait, riche en beurre, lorsqu'elle aura le pourtour des yeux, l'intérieur des oreilles, la peau du pis très jaunes, de même que l'extrémité de la queue, à l'endroit où elle est garnie d'un panache.

En dehors de ces caractères généraux, qui ne sont point exclusifs d'une belle conformation, un Français, M. Guénon, a observé certains signes particuliers qui lui ont permis de préciser la quantité de lait que pourrait produire une vache, et le temps pendant lequel elle continuerait à donner cette quantité de lait déterminée. Son système est basé sur la forme des écussons.

On appelle écusson le dessin formé par la réunion de poils montants, c'est-à-dire qui se dirigent dans un sens diamétralement opposé à celui des poils qui recouvrent les autres parties du corps ; ils sont aussi plus doux, plus soyeux, et ont une nuance plus mate ; ces poils prennent naissance au milieu des quatre trayons ; les uns s'étendent sous le ventre pendant que les autres remontent, en dedans, et un peu au-dessus des jarrets, débordent jusqu'au milieu de la surface postérieure des cuisses, et se prolongent jusqu'en haut (fig. 124).

Si l'écusson est large, s'il est bien caractérisé et très développé sur les cuisses de a à c (fig. 124), c'est un indice certain que la bête est bonne laitière ; si, au contraire, l'écusson, quelles qu'en soient la forme et la grandeur, est envahi par des épis, on peut être assuré que la vache donnera peu de lait ou qu'elle n'en donnera que pendant peu de temps.

L'épi se compose de poils tantôt montants, tantôt descendants ; il se trouve dans l'écusson ; mais les poils, dont il est formé, sont plus durs, et ont une couleur moins mate que ceux de l'écusson ; lorsqu'il est très développé D, c'est un mauvais indice ; sur les côtés de l'écusson, il se produit aussi comme des hachures qui modifient sa forme et son étendue E (fig. 125).

Fig. 124

Fig. 125

— *En combien d'ordres M. Guénon a-t-il classé les vaches laitières? — Quels sont les caractères particuliers de chacun d'eux?*

M. Guénon a résumé ses observations dans son « Traité sur les vaches laitières », qui a été envoyé dans toutes les écoles de garçons de l'arrondissement de Rouen ; le tirage en est épuisé, et je n'ai pu obtenir de la famille l'autorisation d'en reproduire ici les parties principales.

On a cependant reproché, non sans quelque raison, à M. Guénon d'avoir adopté pour sa méthode une dénomination arbitraire, une classification trop étendue, et, dès lors, confuses et difficiles à saisir.

En effet, suivant la forme des écussons, il admet jusqu'à 10 classes qu'il subdivise en 7 ordres, suivant la grandeur des écussons.

Dans son « Choix des vaches laitières [1] » feu M. Magne, ancien directeur de l'école vétérinaire d'Alfort, se borne à diviser les vaches laitières en 4 classes ; les très bonnes, les bonnes, les médiocres et les mauvaises, suivant la forme ou la grandeur de leur écusson ; cet écusson, dont il étudie et explique l'origine et la cause, est par lui divisé en deux parties: la partie inférieure, dont la forme est toujours la même; elle s'étend sur la mamelle et sur les deux cuisses, suivant la ligne A, B, C (fig. 124); et la partie supérieure, qui part de cette ligne et remonte vers le haut des cuisses, en affectant des formes ou des contours divers ; il admet : 1° Les lyriformes (flandrines, flandrines à gauche) ; 2° Les liserines (lisières, double-lisières) ; 3° Les cordiformes (courbelines) ; 4° Les équerriformes (équerrines) ; 5° Les bifurquées (bicornes) ; 6° Les claviformes (poitevines) ; 7° Les cunéiformes (limousines), et 8° Les scutiformes ou carrésiennes (carrésines); la distinction faite par M. Magne dans les divers écussons se rapproche donc un peu de celle admise par M. Guénon (dont la dénomination se trouve entre les parenthèses).

---

[1] Cette étude que l'on ne saurait trop recommander à l'attention des cultivateurs, qui devraient l'avoir dans leur bibliothèque, se trouve à la librairie de la Maison Rustique, rue Jacob, 26, à Paris.

Nous avons dit que la forme de la partie inférieure de l'écusson ne variait point ; nous n'avons donc qu'à rechercher la disposition supérieure pour savoir à quelle classe il appartient.

On peut classer comme très bonnes les vaches lyriformes (fig. 124) ; liserines (fig. 126 et 127); les cordiformes (fig. 128) ; les équerriformes (fig. 129) et les bifurquées (fig.130), pourvu toutefois que leur écusson

Fig. 126

Fig. 127

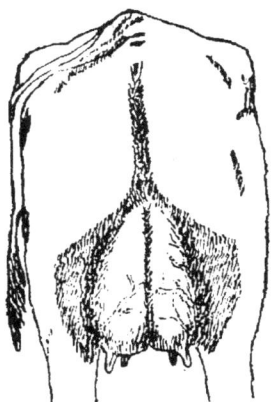 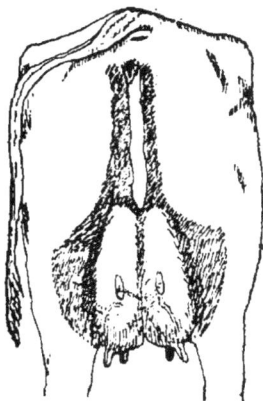

Fig. 128

Fig. 129

Fig. 130

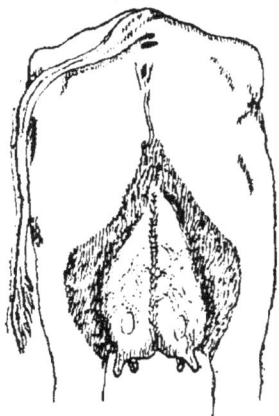  

soit bien développé, bien net, et qu'il ne soit envahi

par aucun épi ou par des bandes de poils descendants qui en diminuent la surface.

Les bonnes vaches seront celles qui auront les mêmes écussons, mais un peu moins développés que les précédentes, ou qui appartiendront à la classe des claviformes (fig. 131) ; les cunéiformes (fig. 132) et les carrésiennes (fig. 133).

Fig. 131   Fig. 132   Fig. 133

  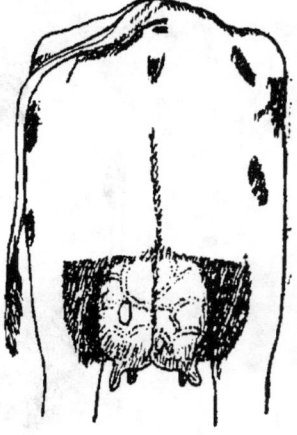

Les vaches médiocres sont celles qui ont leur écusson envahi par des épis ou des bandes de poils descendants ; enfin, chez les mauvaises vaches, on ne rencontre aucun écusson, ou il est si peu développé qu'il n'y a pas lieu d'en tenir compte.

Les taureaux ont aussi l'écusson, mais rarement celui des premières classes.

A titre de simple curiosité, car je ne lui attribue pas une grande valeur, j'indiquerai encore un signe caractéristique auquel on s'arrête, en Suède, pour choisir les vaches bonnes laitières.

Faisant, un jour, visiter une exploitation agricole

des environs de Rouen à un suédois qui m'avait été recommandé, j'eus occasion de lui parler du système Guénon, qu'il connaissait du reste ; chez nous, me dit-il, nous apprécions les vaches laitières par l'épi qu'elles portent au milieu du front ; plus cet épi est développé, et surtout plus il s'abaisse sur le chanfrein (face), meilleure laitière doit être la bête.

De fait, par l'examen que nous avons fait sur plusieurs jeunes génisses qui se trouvaient dans l'herbage, il semblait résulter que le procédé méritait qu'on lui accordât quelque crédit.

Je crois cependant qu'il n'y a eu là qu'un simple effet du hasard ; dans tous les cas, c'est une vérification des plus faciles à faire.

On conserve jusqu'à huit ou dix ans les vaches comme laitières ; après quoi on les engraisse, soit à l'étable, soit à l'herbage.

Les vaches portent neuf mois, on les fait vêler à deux ans et demi ou trois ans ; après le vêlage ou part, on leur administre un breuvage un peu échauffant, cidre, poiré ou vin chauds ; on leur fait boire aussi leur première traite ; dans certaines exploitations, on laisse le veau téter sa mère ; c'est une très bonne méthode pour faire de beaux veaux d'élève ; dans la plupart des cas, cependant, les veaux sont élevés ou engraissés au seau, c'est-à-dire qu'on leur donne à boire du lait dans des vases, à des heures régulières, trois fois par jour ordinairement ; on les tient éloignés de la mère, et, lorsque l'on donne du lait écrémé, on additionne le lait de substances destinées à en augmenter le volume, ou à en relever la valeur alimentaire ; il faut un mois et demi à deux mois pour engraisser un veau avec du lait pur ; la durée de l'engraissement est plus longue avec le lait écrémé, et, pendant la dernière période de l'engraissement, il est bon cependant de donner du lait pur, sans quoi la viande du veau manquerait de qualité.

Lorsque les petits veaux sont destinés à être élevés, on ne leur distribue le lait pur que pendant une quinzaine de jours ; on leur donne ensuite du lait coupé, ou écrémé, ou mélangé de thé de foin, d'eau de lin, etc., etc.

On appelle génisses, les jeunes femelles destinées à la reproduction ; il ne faut point, dans ce but, élever les génisses jumelles d'un veau mâle, car on a constaté qu'elles étaient stériles. On entend par vaches amouillantes, les vaches qui sont prêtes à faire veau ; et vaches d'herbage ou herbagères, celles qui sont coupées de lait, et que l'on destine à l'engraissement ; l'engraissement n'a pas de durée fixe ; sa durée varie suivant la précocité des animaux, ou la richesse des aliments qui leur sont distribués ; elle est en moyenne de 3 à 4 mois à l'étable, et de 4 à 5 mois à l'herbage, c'est-à-dire de mai à fin août ou septembre.

On reconnaît qu'un animal est gras par les manets ou maniements ; ce sont des accumulations de graisse qui apparaissent sur certaines parties du corps, comme : les côtés de queue, qui se trouvent de chaque côté de la queue A ; on les appelle aussi bords du bassin ; en général ils indiquent un état de graisse superficielle ; l'entrefesson B est situé entre les cuisses ; la hampe C (illiers), occupe le bas du flanc ; les dessous ou avant-lait D, sont placés en arrière du nombril et vers la mamelle, ils annoncent la présence du suif

intérieur ; le filet ou aloyau ɛ ; la côte bien couverte ꜰ;
les palerons ʜ se trouvent sur et le long de l'omoplate;
à côté et un peu en arrière, sont les cœurs ɢ; la veine ɪ
se trouve en avant de l'épaule, contre le cou ; les poi-
trines ᴊ seront larges et proéminentes ; enfin la ma-
chelière ᴋ est, comme son nom l'indique, placée sous
la mâchoire (fig. 134).

Fig. 134

Un animal de l'espèce bovine d'un gras ordinaire
rend de 50 à 55 de chair ou viande de boucherie par
rapport à son poids vif ; cette proportion s'élève à 60
et 65 chez les animaux d'un engraissement complet ;
la quantité de suif ou graisse intérieure varie,
suivant la race ou le genre d'alimentation, de huit, à
quinze pour cent de la viande nette, et le cuir de cinq
à sept pour cent.

Les veaux de lait rendent généralement 60 pour
cent de leur poids vif.

L'âge des bœufs et des vaches s'apprécie, comme
chez le cheval, par la dentition ; cependant les animaux de l'espèce bovine n'ont de dents incisives qu'à
la mâchoire inférieure, et l'on en compte huit, au lieu
de six chez le cheval ; à deux ans sortent les 2 pinces
d'adultes ou de remplacement; à 3 ans, les 2 premières

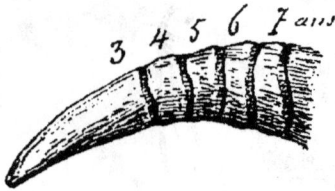

mitoyennes; à 4 ans, les secondes mitoyennes; à 5 ans, les coins ; on peut aussi connaître l'âge des bœufs ou des vaches par l'inspection de leurs cornes sur lesquelles, après l'âge de 3 ans, on remarque un bourrelet circulaire ; il s'en forme un chaque année, et l'on peut ainsi se rendre compte de l'âge de l'animal par le nombre des bourrelets (fig. 135); ces deux modes de la constatation de l'âge ne sont certes pas infaillibles, mais, en l'absence de certificats d'origine, ce sont les seuls auxquels on puisse recourir dans la pratique.

Fig. 135

Les maladies les plus communes de l'espèce bovine sont : la cocotte ou fièvre aphteuse, la péripneumonie, le charbon, le piétain, le fourchet, la fièvre vitulaire ou de parturition (défaut de membres), la météorisation, etc., etc.

Les trois premières sont, comme la morve et le farcin chez le cheval, éminemment contagieuses ; lorsque l'une d'elles se déclare dans une exploitation, le propriétaire des animaux atteints doit, sans retard aucun, et sous peine d'une forte amende, et même de dommages-intérêts, aller en faire la déclaration à la mairie de sa commune ; le maire prévient le vétérinaire chargé de la police sanitaire, et prend, de concert avec lui, les mesures les plus propres à empêcher la propagation de la maladie ; séquestre, cantonnement, inoculation, abattage; dans ce dernier cas, une indemnité est accordée pour les animaux sacrifiés ; outre ces maladies, il y a encore les accidents qui se présentent après le vêlage, comme la fièvre vitulaire ou défaut de membres ; il ne faut pas hésiter à appeler un vétérinaire, car ces accidents sont souvent très graves.

Avant de laisser paître en liberté les bestiaux dans les jeunes trèfles ou les luzernes, il est prudent de leur faire prendre tout d'abord d'autres aliments, autrement ils mangent, avec trop d'avidité, ces fourrages souvent chargés d'humidité, et ils deviennent météorisés, c'est-à-dire gonflés. Pour combattre la météorisation, on a recours à un long tube en cuir qu'on introduit dans le gosier de l'animal : ce tube est à l'une de ses extrémités, celle qui va jusque dans l'œsophage, terminé par une boule percée de trous; le tube est maintenu dans la bouche de l'animal par une planchette; c'est ce que l'inventeur a appelé la sonde œsophagienne. Les gaz contenus dans l'estomac de la bête météorisée s'échappent facilement, et l'animal est promptement dégonflé; un grand nombre de communes ont fait l'acquisition de cet instrument, qu'elles mettent à la disposition des cultivateurs. On peut aussi administrer aux bêtes gonflées des breuvages composés : soit d'une cuillerée d'alcali volatil dans deux verres d'eau ; soit de chaux éteinte délayée dans de l'eau ; soit encore de 5 gouttes de colchique d'automne dans une cuillerée d'eau, administrées toutes les cinq ou dix minutes. Mais quelquefois la météorisation est tellement développée que tous ces remèdes sont inefficaces, et l'asphyxie arrive très vite. Il faut réclamer au plus tôt le secours d'un vétérinaire ; si, cependant, on se trouvait exposé à voir périr l'animal avant son arrivée, il ne faudrait pas hésiter à percer la bête à l'aide d'un trocart, ou même d'une simple alène;

les gaz s'échappent alors par le trou fait à la peau et à la panse, mais il faut veiller à ce qu'il ne se trouve pas obstrué ; la ponction se fait au haut du flanc gauche à environ trois doigts d'écartement de la dernière côte ; je répète qu'un cultivateur ne doit tenter lui-même, que dans un cas tout à fait désespéré, cette opération que j'ai vue ainsi pratiquée avec succès.

La loi n'a point prévu de vices rédhibitoires pour l'espèce bovine.

Pour empêcher les bestiaux de se blesser entre eux, on leur coupe le bout des cornes ; dans le pays de Bray surtout, on a l'habitude de faire les cornes, c'est-à-dire de les gratter sur toute leur longueur ; on met aux vaches des entraves, des bricoles ou des muselières pour les empêcher d'endommager les arbres ou de les brouter.

En Angleterre, il y a plusieurs races dépourvues de cornes, tels les Angus (fig. 136) ; chez nous on a tenté

Fig. 136

quelques expériences pour enlever les cornes aux jeunes veaux ; bien qu'elles aient réussi, elles n'ont point été continuées.

Quant aux taureaux qui, avec l'âge, deviennent souvent méchants et dangereux, on leur passe un anneau dans le nez, ou on leur met une armure en fer, fixée aux cornes et qui traverse le nez ; il est prudent néanmoins de ne jamais laisser un taureau en liberté, car il est bien rare qu'il n'arrive pas à écorcher les arbres et même à blesser quelques personnes.

— *A quels signes doit-on le plus s'attacher dans le choix d'un taureau ?*

On doit s'attacher à ce qu'il ait le front large et non busqué ; la tête courte ; les yeux gros ; l'encolure puissante ; le dos très droit ; la côte bien arrondie, cylindrique ; les hanches larges ; la queue bien attachée et fine ; les jambes courtes et fines ; le pourtour des yeux, l'intérieur des oreilles et la peau, sous le panache de la queue, très jaunes ; on ne doit pas conserver un taureau après l'âge de trois ans.

On estime qu'un animal de l'espèce bovine, à l'âge adulte, peut fournir environ 15.000 kilog. de fumier par an, quantité moyenne basée sur la taille d'un animal ordinaire.

— *Qu'entend-on par ration, par ration d'entretien et ration de production ?*

La nourriture journalière des bestiaux est, comme celle des chevaux, très variable ; il y a d'abord la ration d'entretien, et la ration de production.

La ration d'entretien est celle que l'on donne à un animal qui ne travaille, ni ne rend aucun produit, ration qui suffit pour le maintenir dans un état convenable ; si, au contraire, on veut obtenir de ce même animal du travail, du lait, de la graisse, etc., il faudra élever, augmenter cette ration, et en modifier la composition; ce sera alors la ration de production. On calcule que, comme ration d'entretien, il faut distribuer à un animal 1 1/2 à 2 % de son poids vif, soit en foin, soit en un autre aliment équivalent.

— *Quels soins doit-on donner aux animaux?*

Les bestiaux doivent être traités avec douceur; ils demandent à avoir des heures très régulières pour leurs repas; une litière sèche et abondante; un bon pansement à l'étrille ou à la brosse; à être logés dans des étables bien aérées et tenues très proprement.

Espèce ovine.— L'espèce ovine fournit de la laine, de la viande, de la graisse et du cuir léger dont on fait la basane.

Fig. 137

Les races qui fournissent la laine la plus abondante et la plus fine sont les races mérinos (fig.137) et leurs croisements; mais elles n'ont pas une grande aptitude à l'engraissement.

10

Les dishley-mérinos (fig. 138) sont plus précoces, et donnent une belle laine. On a importé

Fig. 138

d'Angleterre des races qui s'engraissent très vite,

Fig. 139

Fig. 140

comme : les Dishley (fig. 139 et 140), moutons à laine

longue et grosse ; les Southdown (fig. 141), les Shrop-
shire, les Oxfordshire, moutons aux extrémités noires

Fig. 141

et à laine courte. On trouve beaucoup de croisements
de ces diverses races avec celle du pays, la race
Cauchoise (fig. 142), un peu dure, mais très rustique;

Fig. 142

dans le pays de Bray, il y a quelques troupeaux de
moutons picards ou artésiens.

L'âge des moutons s'apprécie par les dents ; comme
chez le bœuf, on remarque 8 dents incisives à la
mâchoire inférieure seulement ; vers 1 an ou 15 mois,

apparaissent les pinces de remplacement ; à 2 ans, poussent les premières mitoyennes ; à 3 ans, sortie des deuxièmes mitoyennes ; à 4 ans, éruption des coins d'adulte ; à 5 ans les incisives d'adulte arrivent au rond ; on désigne les moutons sous la dénomination : d'agneaux, ceux de moins d'un an ; d'antenois ou d'antenais, ou de gourgandins, ceux de 1 à 2 ans ; de quatre dents, ceux de 2 à 3 ans; de six dents, ceux de 3 à 4 ans.

Les brebis portent cinq mois environ ; l'usage le plus généralement suivi dans la région est de faire naître les agneaux en février ou en mars ; ils tètent la mère jusque vers la fin d'août ou le commencement de septembre ; pendant l'allaitement, les mères doivent être abondamment nourries ; on leur donne souvent, en mélange dans leur eau, des tourteaux, des moutures ou du son. Lorsqu'on les met au pâturage, on sépare les agneaux de leur mère, et on les garde à part : il est bon de leur donner, surtout dans les années humides, de l'avoine sur pied à manger ; les agneaux sont, dans la journée, ramenés une fois ou deux avec leurs mères pour la tétée ; la nuit, tous couchent dans le même parc. Quelques cultivateurs conservent leurs agneaux pour les engraisser à l'hiver, mais c'est une exception ; on a tenté aussi d'en envoyer, à l'automne, au marché de La Villette où ils sont vendus pour Paris, mais presque toujours les agneaux sont vendus à des cultivateurs qui les tondent une fois ou deux, c'est-à-dire qui les conservent pendant une ou deux années ; on les désigne sous le nom de moutons oisifs ; ils sont revendus à d'autres cultivateurs qui les engraissent ; les agnelles sont souvent conservées pour, à l'âge de 18 mois, être livrées à la reproduction par celui-là même qui les a fait naître ; à cet âge, on les appelle des antenaises ou des gourgandines. On fait aussi naître les agneaux à l'automne, surtout ceux de la race mérinos ; on les vend pour la boucherie, après les avoir tondus vers le mois de juillet ou le mois d'août.

On tond les moutons en suint, ou après les avoir lavés ; l'époque de la tonte est le mois de juin ; on tond quelquefois dès le mois de mars ou d'avril les moutons que l'on a engraissés ; dans ce cas, pour ne point les tourmenter, on ne les lave pas ; c'est ce que l'on appelle tondre en suint, c'est-à-dire que la laine reste chargée de la sueur du mouton ; pour couper la laine on se sert de forces, espèces de grands ciseaux (fig. 143),

Fig. 143   Fig. 144

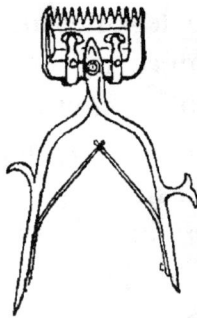

ou d'une machine à tondre (fig. 144) ; le mouton est préalablement garrotté, puis tondu en sens longitudinal ou circulaire : la toison est pliée, roulée et liée de façon que ce soit la laine du dos qui se trouve en dessus.

Les manets ou maniements du mouton gras sont : la veine, à l'avant de l'épaule ; la poitrine, la côte bien couverte, les dessous, et le *fourche* qui se trouve de chaque côté et au-dessus de la queue.

Un mouton, suivant son degré d'engraissement, et suivant qu'il est ou non débarrassé de sa laine, rend de 45 à 50 pour cent de son poids vif en viande de boucherie.

Les moutons sont sujets à plusieurs maladies : le charbon (sang de rate), la fièvre aptheuse ou cocotte, la gale, la cachexie aqueuse ou pourriture, la clavelée (variole), l'anémie, le piétain, le tournis, la météorisation, etc. Les premières sont considérées comme contagieuses ; elles entraînent les mêmes formalités imposées par la loi sur la police sanitaire qui sont indiquées plus haut (page 129), pour l'espèce bovine.

La maladie ou vice rédhibitoire qui peut faire annuler la vente des moutons est la clavelée (espèce de variole).

Le fumier de mouton est beaucoup plus riche en azote que celui des autres animaux ; le mouton présente cet immense avantage de supprimer les frais de transport du fumier sur des terres éloignées de la ferme qui n'en recevraient que peu ou point ; en effet on peut faire parquer ces terres par les moutons, c'est-à-dire qu'on les enferme dans un enclos composé de claies (voir page 19) que l'on change de place deux fois par 24 heures, la grandeur du parc étant basée sur le nombre de moutons ; suivant l'abondance de la nourriture et la saison, on estime que 100 moutons peuvent, enfermés au parc, fumer convenablement 2 ares 1/2 à 3 ares 1/2 par jour ; les moutons couchant sur un labour ou sur un sol nouvellement ensemencé, il n'y a aucune déperdition d'engrais solides ou liquides, lesquels se trouvent vite incorporés dans la terre qui les recouvre ou les absorbe.

On évalue à 500 kilogr. environ le fumier que peut, par an, fournir un mouton.

Espèce caprine. — L'espèce *caprine* doit être tenue en dehors de la grande culture ; on la rencontre dans les petits ménages, qui en tirent quelque profit au point de vue de son lait ; elle est du reste très peu exigeante, et vit presque constamment des restes des autres animaux ; on la met aussi au piquet sur le bord des fossés ou des chemins ; il faut avoir soin de tenir les chèvres éloignées des haies et plantations, auxquelles elles causeraient de grands dommages, en les broutant.

On entend dire encore que la présence d'un bouc (mâle de la chèvre), dans les étables ou les bergeries, suffit pour en écarter, par suite de son odeur spéciale, les maladies épizootiques ; des expériences, renouvelées à l'occasion de l'avortement contagieux des vaches, qu'aucun remède préventif n'avait pu arrêter, ont établi que ce préjugé ne reposait sur rien de sérieux.

La chèvre porte 5 mois, et donne généralement deux petits que l'on sèvre à six semaines ou deux mois ; on engraisse les chevreaux pour la table, à 5 ou 6 mois ; le lait de chèvre est très riche et très recherché pour les enfants et les personnes faibles ou délicates.

L'âge, pour les chèvres, se constate comme pour le mouton.

De tous les animaux domestiques, ceux de l'espèce *porcine* sont les plus faciles à élever et à nourrir ; toutes les matières animales ou végétales conviennent à leur alimentation ; le porc s'engraisse très facilement ; et, après sa mort, tout son corps est utilisé pour la nourriture de l'homme ; sa chair est consommée comme celle du bœuf, ou transformée en jambons, pâtés, saucissons, etc. ; sa graisse sert à

l'assaisonnement des légumes ou est fondue en sain-
doux ; de son sang, on fait du boudin ; ses entrailles
même sont utilisées ; un porc gras rend, en viande,
les 3/4 environ de son poids vif.

Le mâle se nomme verrat ; la femelle, truie et les
petits, sont désignés sous le nom de porcelets, gorets,
porcs de lait, jusqu'à leur sevrage, qui a lieu vers l'âge
de 2 mois.

Il y a plusieurs races qui se recommandent par
leurs qualités ; celles que l'on trouve dans la région
sont : la race Normande, Augeronne (fig. 145); la race

Fig. 145

Fig. 146

Craonnaise (fig. 146) , toutes deux très fortes ; les

races anglaises du Yorkshire (fig. 147), la race noire

Fig. 147

du Berkshire (fig. 148); toutefois, il est rare de trouver des animaux bien purs, la majorité provient de
croisements de toutes ces races entre elles. Les races
anglaises sont plus petites, plus courtes, très larges;
elles ont peu de soie (poils); les membres sont courts

Fig. 148

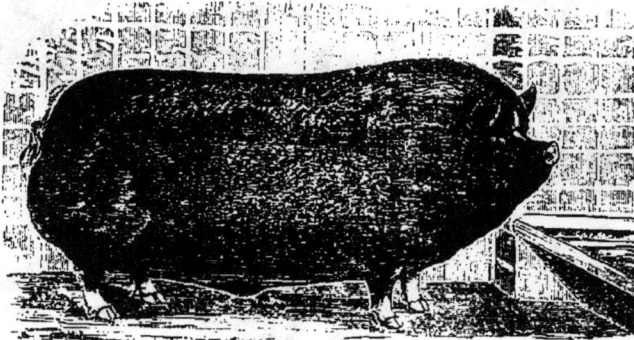

et très fins ; la tête est courte, l'oreille petite et
droite ; elles ont une grande facilité à s'engraisser ;
on leur reproche cependant de manquer de poids,
de donner trop de graisse, laquelle refroidit difficilement, et ne se durcit point suffisamment pendant les
chaleurs de l'été; on prétend aussi que leur fécondité
est moins grande.

Les races françaises, quand elles sont bien soignées, et quand les animaux sont bien choisis, ont presque tous les avantages des races anglaises auxquelles elles sont supérieures pour la qualité de leur chair, leur poids plus élevé, et leur fécondité.

Dans le choix des reproducteurs, on doit s'attacher à prendre des animaux à jambes fines, à dos long et très large, au poil blanc, soyeux et peu abondant; la charpente osseuse devra être peu développée.

La tête s'appelle *hure*, et le museau *groin*; il se prolonge en s'amincissant, et se termine, au devant de la mâchoire supérieure, par un cartilage plat, au travers duquel on passe les clous, ou bagues en laiton destinés à empêcher le porc de labourer les herbages, qu'il ne manquerait pas de retourner sans cette précaution.

On connaît l'âge du porc à la dent; mais la constatation en est assez dangereuse pour qu'on ne la fasse que rarement; le porc a, à chaque mâchoire, 6 incisives et 2 crochets, 1 de chaque côté, entre les coins et les molaires.

A 3 ou 4 mois, le goret a toutes ses dents de lait; à 6 mois, a lieu la sortie des coins de remplacement à la mâchoire inférieure; à 10 mois, celle des coins supérieurs de remplacement; à 1 an, celle des crochets de remplacement; vers 2 ans, celle des pinces; à 3 ans, celle des mitoyennes; mais on conserve rarement des porcs jusqu'à cet âge.

La truie porte de 110 à 120 jours, et fait ordinairement deux portées par an; on s'aperçoit qu'une truie est pour faire ses petits, lorsqu'on lui voit ramasser de la paille, comme pour en faire un lit; il faut alors l'enfermer dans un bâtiment garni de litière très

courte, de balle ou menue paille de grain, par exemple ;
il faut exercer une grande surveillance dans la crainte
que la truie ne dévore ses petits, ou ne les étouffe en
se couchant dessus.

Lorsqu'on est certain qu'elle a bien accueilli tous
ses petits, qui prennent chacun une mamelle et n'en
changent plus par la suite, on peut diminuer de surveillance, mais il faut tenir l'étable dans une grande propreté ; il y a des truies qui donnent jusqu'à 12 et 14 petits
dans une portée ; il faut alors leur donner une nourriture riche et abondande ; il est bon même de donner
aux porcelets un peu de lait, seul, ou mélangé d'eau
et de farineux, à moins qu'on ne veuille en faire des
porcs de lait bons pour la table, dès l'âge d'un mois
ou 6 semaines ; on les sèvre généralement à 2 mois,
ils deviennent alors des porcs *coureurs*, c'est-à-dire
qu'on les laisse se développer avant de les engraisser ;
ils arrivent ainsi à un poids plus élevé, leur entretien
est peu coûteux ; après le sevrage, on continue les
farineux ou le laitage ; puis on les laisse circuler libre-
ment dans les herbages, sur les fumiers ; on les conduit quelquefois dans les bois pour manger du gland
ou des faînes ; on leur donne aussi des eaux grasses,
des fourrages verts, des carottes, des betteraves, des
pommes de terre, etc. Leurs étables doivent toujours
être tenues très proprement ; il est bon de mettre
de l'eau à leur portée, car ils aiment à se baigner.

Les races anglaises engraissent beaucoup plus vite
et plus facilement que nos races locales, qui arrivent
à un bien plus grand développement, à un poids plus
lourd ; il n'est pas rare d'en voir atteindre 150, 200 et
250 kilog. ; pour engraisser un porc, on lui donne du

laitage, des eaux grasses mélangées de farine d'orge, du maïs, du grain cuit, des racines ou des tubercules, des grains, du gland, des déchets de distillerie, etc. On a constaté qu'il y avait avantage à ne pas faire cuire les grains, et à lui donner ses rations crues et sèches, en mettant toutefois, à sa portée, la quantité d'eau nécessaire à ses besoins.

Le fumier de porc, compris dans les fumiers froids, est très estimé ; il est d'autant plus riche que l'animal est mieux nourri ; il peut en fournir environ 1.000 à 1.200 kil. suivant son âge.

Les maladies auxquelles le porc est souvent exposé sont la fièvre aphteuse ou cocotte, la ladrerie, le rouget ; la ladrerie est classée comme vice rédhibitoire ; la chair des animaux ladriques (porcs atteints de la ladrerie), peut déterminer le ver solitaire chez les personnes qui en font usage. La cocotte ou fièvre aphteuse du porc est la même que celle des ruminants et se traite de même (voir page 129).

— Quel est, dans une bonne exploitation, le rapport entre sa contenance et le nombre d'animaux qui peuvent y être entretenus ?

Dans une ferme, ordinairement composée d'un cinquième ou d'un quart de sa contenance en herbages, et en terres de labour pour le surplus, on doit pouvoir entretenir, par hectare, une tête de gros bétail ; on entend par tête de gros bétail, tout animal du poids de 4 à 500 kilogr., cheval, bœuf, vache ; 10 moutons, ou 15 agneaux, ou 5 porcs adultes sont comptés comme une tête ; suivant leur âge, il faut 2 ou plusieurs poulains, veaux, génisses, pour représenter une tête de gros bétail.

Espèce canine. — Il n'y a pas bien à s'arrêter ici à l'espèce *canine*, qui comprend cependant des chiens extrêmement utiles pour la garde des habitations, la conduite des bestiaux, la chasse, etc. ; leur nomenclature ou l'étude de leurs caractères particuliers nous entraîneraient beaucoup trop loin ; nous nous arrêterons seulement à une maladie terrible chez le chien, *la rage*, que l'homme peut aussi contracter, lorsqu'il a été mordu par un chien enragé. Les signes qui permettent de constater ou de reconnaître la rage sont peu significatifs ; cependant la salive même est susceptible de communiquer la maladie, et, bien que le plus souvent le chien ne soit pas agressif, il est néanmoins dangereux, soit qu'il lèche les personnes qu'il affectionne, soit que, par une investigation imprudente, on explore la gueule de l'animal.

Au début de la rage, le chien change d'humeur ; il devient triste, sombre, taciturne, recherche la solitude ; il est inquiet et agité, va et vient, se couche et se relève, rôde, flaire, mord dans l'air, comme s'il voyait des fantômes.

Le chien enragé n'a pas horreur de l'eau ; au contraire, il en est avide ; il ne refuse pas la nourriture à la première phase de la maladie, mais il éprouve le besoin de mordre.

Il ronge les corps qui se trouvent à sa portée et déglutit des substances tout à fait étrangères à l'alimentation, telles que : la paille de sa litière, le bois, l'herbe, la terre, les pierres, le verre, etc. L'abondance de la bave chez le chien n'est pas un signe constant de la rage.

La voix du chien enragé change toujours de timbre ;

l'aboiement est rauque, voilé et se transforme en hurlement saccadé.

Dans la variété de la rage appelée mue ou muette, le symptôme fait à peu près défaut; cette variété se reconnaît à l'écartement de la mâchoire inférieure; le chien n'a plus la même puissance pour mordre, mais il importe qu'on sache que sa salive est virulente.

Le chien enragé fuit souvent le toit domestique; il attaque les animaux de son espèce, et, chose remarquable, ces derniers, qu'ils soient batailleurs ou non, ne songent même pas à se défendre.

La cautérisation au fer rouge de la plaie résultant de la morsure d'un chien enragé ou suspect, était l'unique moyen connu de préservation contre la rage.

La découverte de l'illustre M. Pasteur permet de sauver de cette terrible maladie ceux qui ont été mordus par un animal enragé, chien ou chat; le nombre de ceux qui ont pris la route du laboratoire de M. Pasteur, et qu'il a ainsi préservés, par l'inoculation du virus rabique, se compte par milliers, qu'ils soient venus des départements, de l'Europe, de l'Afrique ou même de l'Amérique.

Espèce féline. — Tout le monde connaît l'utilité de l'espèce *féline*; malgré la diversité ou la variété des races, tous les chats sont entretenus en vue de la destruction des rats et des souris.

De la basse-cour. — Une basse-cour bien entendue est une source de revenus importants pour une exploitation agricole; il n'est pas de si petit ménage à la campagne qui n'ait quelques lapins et quelques poules.

L'entretien du lapin de garenne étant une exception, nous nous bornerons à parler du *lapin de clapier*.

On enferme le lapin dans des boîtes plus ou moins spacieuses, ou bien on le laisse en liberté dans un bâtiment, mais le sol doit être pavé ou très consistant, afin que le lapin ne puisse y creuser de trous ; ces petits animaux demandent à être tenus proprement, autrement leur chair prendrait un goût détestable ; leur nourriture se compose de feuilles de légumes, de fourrages verts, de racines, de grains, d'avoine, de son, etc., suivant les saisons ; du lait ou de l'eau, comme boisson ; il faut éviter de leur donner des légumes ou des fourrages mouillés, car ils leur seraient funestes.

Les variétés ou races de lapins sont très nombreuses: le lapin bélier; le lapin de Rouen, les plus gros de tous ; le lapin bleu ; le lapin angora ; le lapin russe, blanc avec extrémités noires, petit, mais à chair très délicate, etc., etc.

La femelle porte un mois, et donne généralement de quatre à six petits; elle peut fournir cinq à six portées par an ; elle aime la tranquillité, il en est qui dévorent leurs petits lorsqu'on les trouble par des visites trop souvent répétées, ou que l'on touche à leur nichée ; on sèvre les lapereaux vers l'âge de six semaines ; on peut les engraisser à cinq ou six mois, mais on attend habituellement qu'ils aient pris un plus grand développement; on les tue en leur donnant un coup de poing derrière la tête, en leur cassant la colonne vertébrale, ou en leur administrant une cuillerée de vinaigre; la chair du lapin est très bonne et très saine;

leur peau est employée à la fabrication des chapeaux, des fourrures, etc.

Les *léporides* sont le résultat du croisement du lièvre et du lapin ; ils s'élèvent de même, leur chair est, dit-on, meilleure et plus savoureuse, mais ils se reproduisent très difficilement.

En tête des oiseaux de basse-cour, nous placerons l'espèce galline, c'est-à-dire *la poule,* oiseau très rustique, dont l'entretien demande peu de frais, et devient très lucratif s'il est bien entendu. Il est bien peu de fermes où il existe à proprement parler une basse-cour ; le plus généralement, les poules sont libres de se promener dans toutes les parties de l'exploitation où elles ne peuvent occasionner de dégâts ; elles détruisent une grande quantité de vers, de limaces et autres insectes, et vont dans les cours, les étables, les écuries, sur les fumiers chercher et ramasser des grains qui seraient perdus ; néanmoins, on leur distribue de la nourriture une ou deux fois par jour ; cette nourriture se compose de criblures de grain, de petit blé, d'orge, d'avoine et de maïs. L'endroit où on les réunit se nomme poulailler; il doit être situé au levant ou au midi de préférence, être bien abrité, mais très aéré et tenu avec une très grande propreté; il est utile même de le blanchir, de temps en temps, à la chaux ; il faut avoir soin de renouveler souvent la litière ; la fiente des poules est un engrais très riche, et on a calculé que 80 poules peuvent fournir le fumier nécessaire pour un hectare de terre ; mais il faut, pour cela, couvrir ou mélanger leurs déjections avec de la terre sèche ou du sable additionnés d'un peu de plâtre ou mieux de sulfate de fer ; puis au moment d'utiliser le mélange, bien le battre pour le réduire en poudre, afin d'en assurer une égale répartition sur le sol.

La porte du poulailler est souvent percée, dans sa partie inférieure, d'un trou pour permettre aux volailles de sortir ou de rentrer à volonté ; dans le poulailler, se trouve un perchoir, espèce d'échelle qui tient toute la largeur du bâtiment, et à laquelle on donne une inclinaison suffisante pour que les poules juchées dans le haut ne salissent point celles qui sont au-dessous. Les bâtons de ces perchoirs sont en bois d'érable, parce que l'écorce de ce bois est plus épaisse et plus chaude que celle des bois lisses ; il faut aussi placer au pourtour du poulailler des pondoirs, espèces de nids, où les poules vont déposer leurs œufs; le foin ou la paille qui garnit ces nids doit être souvent renouvelé. Une poule bonne pondeuse donne de 120 à 150 œufs par an ; il est bon de ne pas conserver les poules au-delà de 3 à 4 ans, car la quantité d'œufs diminuerait beaucoup.

Les races de poules sont variées à l'infini ; mais il est souvent plus avantageux de s'en tenir aux races communes ou du pays ; il y en avait autrefois de très estimées; la poule noire de Pavilly, celle de Caux, d'Envermeu ou de Bray; elles sont croisées presque partout aujourd'hui avec les races étrangères de Cochinchine (jaunes ou blanches), de Brahma-Poutra (grises), de Lang-Sham (noires), qui sont très grosses, avec des plumes garnissant la jambe et les doigts ; leur chair est moins appréciée, et elles pondent généralement de petits œufs, mais elles sont très recherchées comme couveuses; elles n'abandonnent jamais leur nid, et sont très attentionnées pour leur couvée ; à cet effet il est bon d'en avoir quelques-unes dans la ferme ; les variétés françaises de Houdan (grises, à huppe, avec 5 doigts aux pattes), de Crèvecœur (noires à huppe), sont très estimées comme pondeuses ; celles de la Flèche, de la Bresse et du Mans sont recherchées pour la broche ; puis il y a les Dorking, les Campine, les Padoue ordinaires ou dorées, les Négresses, les races à courtes pattes, les cayennes, excellentes petites couveuses, etc., etc.

La poule couve une douzaine d'œufs, l'incubation est de 20 à 22 jours ; on met couver les poules dans un endroit sombre et à l'abri du bruit ; les praticiennes disent avoir observé que les poussins qui éclosent dans la première période de la lune (en croissant), sont beaucoup plus vigoureux que ceux qui naissent entre la pleine lune et la nouvelle lune (en décours) ; encore une observation signalée, comme celle qui précède, par les fermières qui se sont livrées à l'élevage des volailles, c'est de mettre du fer sous les poules qui couvent pour empêcher, en cas d'orage, que les poussins ne soient tués dans l'écale par la secousse ou trépidation occasionnée par le tonnerre ; sans savoir ce que ces observations peuvent avoir de fondé, j'ai cru devoir les citer ici, comme la suivante. En 1883, j'avais une poule qui voulait couver ; la saison ne paraissant point favorable, nous étions en juillet, j'offris à une voisine de lui prêter cette poule pour la faire couver ; elle remercia en disant que les volailles couvées pendant la canicule, naissaient difformes ; ma curiosité fut mise en éveil par cette réponse, et je fis donner cinq œufs seulement à cette poule ; un des œufs fut clair ; un poussin mourut à l'écale ; un autre poussin était bossu; le troisième, qui ne vécut que quelques jours, avait les pattes torses avec les doigts tournés en dedans; le quatrième avait des mouvements nerveux, saccadés, qui l'empêchaient de ramasser sa nourriture à moins de donner de nombreux coups de bec; il resta tout petit, et mourut la tête prise entre deux pierres; je n'avais jamais entendu parler de l'effet de la canicule sur les oiseaux, et je ne crois pas que ce qui m'est arrivé suffise pour l'admettre comme une règle générale; il peut n'y avoir là qu'une coïncidence, bizarre, je l'avoue.

On donne aux petits poussins de la mie de pain trempée dans du cidre ou du lait, des pâtées composées de farine bise, de recoupe et de lait, etc., puis ensuite du petit blé; on peut les engraisser à l'âge de 6 à 7 mois; il est avantageux d'avoir des poussins de bonne heure, ils se vendent toujours plus cher. Afin d'avoir des jeunes volailles en tout temps, on a recours à l'incubation artificielle qui a fait aujourd'hui de grands progrès; il y a plusieurs systèmes pour remplacer la poule comme couveuse ou éleveuse; il existe des appareils pour 50, 100, 150 œufs et même plus; ce sont des boîtes (fig. 149), garnies à l'intérieur d'un récipient pouvant contenir de l'eau chaude que l'on renouvelle deux fois par jour; d'autres sont chauffées au moyen d'une lampe ou d'une briquette de charbon; le principal est de maintenir la température entre

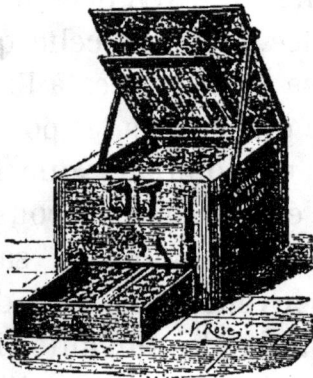

Fig. 149

38 et 40 degrés centigrades ; les œufs sont placés dans un tiroir que l'on ouvre pendant 10 à 15 minutes, deux fois par jour, en changeant les œufs de côté, et en les laissant ainsi exposés à l'air ; il importe que la température de l'appartement soit tempérée ; il faut une grande attention pour mener l'opération à bien ; le moindre refroidissement ou un excès de chaleur peuvent compromettre le succès ; on s'assure que les œufs sont bons en les mirant, au bout de quelques jours d'incubation, à l'aide d'une lampe (fig. 153); cet appareil se compose d'un pied K, de la lampe J, et d'un gobelet C, sur lequel on pose l'œuf; il est ainsi facile de savoir si les œufs sont clairs; on les tire alors de la couveuse, et on les remplace par d'autres.

Lorsque les poussins sont éclos, on les place sous une hydromère ou éleveuse artificielle (fig. 150); c'est

Fig. 150

une boîte à l'intérieur de laquelle on entretient la chaleur au moyen d'eau chaude ou de briquettes; le dessous, élevé de 15 à 20 cent. du sol, est tapissé d'un morceau d'étoffe qu'on laisse flotter afin qu'il retombe sur le dos des poussins et les réchauffe ; sur les quatre côtés, l'intervalle entre la boîte et le sol est garni de rideaux, sous lesquels passent les poussins pour sortir ou rentrer; l'incubation artificielle convient pour tous les oiseaux de basse-cour et le gibier.

Pour engraisser les volailles, on les enferme dans des

cages ou des épinettes mues (fig. 151) où elles peuvent à peine se mouvoir; moins elles dépensent en mouve-

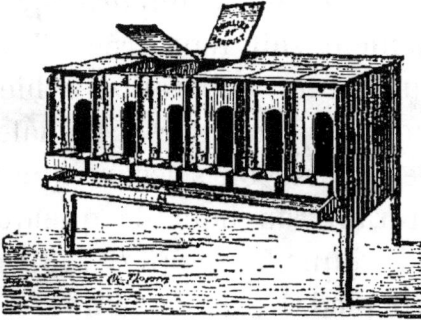

Fig. 151

ment, plus elles engraissent vite; on avait même autrefois la cruauté de leur crever les yeux ; le fond de l'épinette mue est à jour pour que les excréments tombent à terre, et que la volaille ne puisse se salir ; autrement sa chair pourrait contracter un goût fort désagréable. On leur distribue des grains ; ou bien on fait, avec des farineux, des boulettes qu'on leur introduit dans le gosier en pressant légèrement dessus pour faciliter leur passage

Fig. 153   Fig. 152

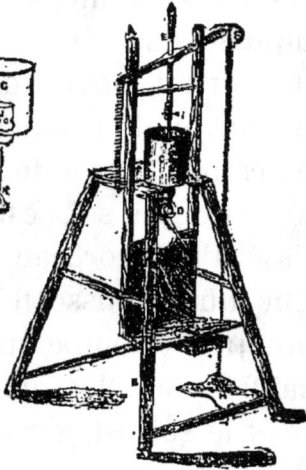

dans l'estomac ; on emploie aujourd'hui les gaveuses artificielles (fig. 152) qui facilitent beaucoup ce travail, mais leur prix encore élevé empêche leur usage d'être très répandu; la pâtée alors est presque liquide; elle est placée dans un récipient C; la ration destinée aux volailles est précise ; on introduit le tube dans le gosier de la volaille, un seul coup de pédale H suffit pour lui donner son repas; une simple cheville posée sur le montant A arrête la course du piston I aux endroits voulus pour chaque espèce.

Les principales maladies des poules sont : le cho-
léra, la diphtérie, qui causent de grands ravages dans
les poulaillers ; il faut, dès l'apparition de la maladie,
recourir à la vaccination ou inoculation du virus,
autrement on est exposé à perdre toutes les poules.

Le coq, quelle que soit la race à laquelle il appar-
tienne, doit avoir la démarche fière et hardie, la poitrine large, les pattes fortes, les cuisses grosses, les
plumes luisantes, celles de la queue longues et recour-
bées ; il doit montrer beaucoup d'attention et de sollicitude pour ses poules ; on lui en donne généralement
une douzaine au plus ; il faut le remplacer après l'âge
de 3 ans.

Dindon. — L'élevage du *dindon* est très avantageux,
mais il exige au début beaucoup plus de soin que
celui des poussins ; le dindonneau est, beaucoup plus
que le poussin, sensible au froid et à l'humidité ; il
faut aussi éviter pour lui le soleil quand il est très
ardent.

La poule-dinde aime à cacher son nid dans les brous-
sailles ; elle ne s'y rend qu'en faisant mille détours ; il
faut la forcer à pondre dans un bâtiment pour que ses
œufs ne se trouvent point perdus ou mangés ; c'est une
excellente couveuse, et une très bonne mère, pleine
de soins et d'attentions pour sa nichée, lors même
qu'elle se composerait de poussins, car souvent on lui
confie des œufs de poule ; une dinde peut couver
14 à 16 œufs de dinde et 24 œufs de poule ; l'incubation dure 4 semaines pour les premiers, et 20 à 22 jours
pour les seconds, ainsi que nous l'avons dit plus haut ;
lorsque les dindonneaux sont éclos, on leur donne des

pâtées composées de lait, de jaunes d'œufs, de farine d'orge, de graines d'ortie, de salade, de persil ; il faut leur en donner plusieurs fois par jour ; quand ils sont faibles ou qu'ils ont pris froid, on leur administre une cuillerée de vin légèrement chauffé. Ils ont à traverser une période critique, c'est celle où ils font *leur tête*, où ils prennent *le rouge*, c'est-à-dire quand les caroncules ou bourgeons de leur tête et de leur cou se développent ; il faut les tenir très chaudement, et leur donner une nourriture échauffante, dans laquelle quelques personnes disent avoir fait, avec succès, entrer l'oignon ou cibot ; plus tard on conduit les dindons glaner dans la plaine, après l'enlèvement des récoltes ; on en voit des bandes assez nombreuses sous la garde d'une personne ; on les vend alors, et ils ont un goût excellent ; certains éleveurs préfèrent les conserver plus longtemps, et les engraisser en vue des fêtes de fin d'année ; on en expédie même en Angleterre, au moment de la Christmas ou fête de Noël ; on les empâte avec des boules composées de lait et de farine d'orge, ou, comme les poulets, avec de la pâtée liquide qu'on leur fait prendre à l'aide de la gaveuse.

Pintade. — La *pintade* n'est pas élevée dans la plupart des fermes, c'est presque un oiseau de luxe ; elle n'est pas d'un grand rapport ; elle pond beaucoup, ses œufs sont petits et délicats ; les petites pintades éclosent après 30 jours d'incubation ; leur élevage est très difficile ; on leur distribue des jaunes d'œufs, de la mie de pain, et, si on le peut, des œufs de fourmi.

Le *paon* est un oiseau de grand luxe ; la femelle couve 30 jours ; les petits s'élèvent comme le dindon ; on les engraisse à 5 ou 6 mois.

Canard. — Le *canard* est certainement de tous les oiseaux domestiques, celui qui présente le moins de difficultés pour son élevage ; on place dans le bord d'une mare, une cage dans laquelle se trouve une auge; on n'a qu'à la garnir souvent de pâtée (lait et recoupe), les petits canards viennent manger, puis passent tout leur temps à nager sur la mare, en courant après les moucherons qui volent à la surface de l'eau ; on peut aussi, pour finir leur engraissement, se servir de la gaveuse.

Le caneton est bon à manger lorsque les ailes commencent à s'entrecroiser; on donne les œufs de canard à couver indistinctement à des canes ou à des poules ; cependant bien des fermières affirment que les canards qui ont été couvés et élevés par une poule ont le défaut : les canes, de ne pas couver, ou de mal couver; les mâles ou malarts, de tourmenter et de courir les poules. L'incubation dure de 28 à 30 jours.

Il y a plusieurs variétés de canards très estimées : le canard de Rouen, universellement connu et très apprécié; il a à peu près le plumage du canard sauvage ; celui de Duclair, très bonne variété, a son plumage noir, avec un plastron blanc et deux ou trois plumes blanches aux ailes et derrière les yeux ; le labrador, tout noir est très délicat; les canards blancs, leur plume peut être mélangée avec celle des oies ; les canards sauvages s'apprivoisent bien, et sont très bons pour la table à une saison où le canard domestique aurait la chair ferme et dure ; le canard musqué, dit de Barbarie, ou canard d'Inde avec des caroncules rouges qui ornent sa tête ; il aime à voler et à se percher sur des objets peu élevés ; il est plus gros que les autres

canards, mais sa chair a un goût musqué peu agréable ;
pour l'empêcher de contracter ce goût spécial, il faut,
dès que le canard est tué, couper le croupion, car il
contient une bourse, laquelle sécrète la liqueur mus-
quée qui se répand de suite dans le canard, et communique sa saveur à toute la chair.

Oie. — *L'oie* est élevée pour son duvet, sa plume et
sa chair; il faut un jars (un mâle), pour 4 à 5 femelles; les femelles couvent de 28 à 30 jours ; les petits
oisons n'ont, pour ainsi dire, besoin d'aucune nourriture spéciale, car de suite ils vont au pâturage avec la
mère ; il faut seulement veiller à ce qu'ils ne soient
point mouillés, et qu'ils ne tombent point renversés
sur le dos, ils ne pourraient se relever; leur fiente
est très active comme fumier ; dans la vallée de la
Seine, on rassemble les oies de plusieurs fermes, et on
les conduit dans un pâturage commun ; le soir, chaque
petit troupeau se sépare des autres et regagne son
poulailler ; on les nourrit au grain, ou avec des farineux et des légumes.

On plume les oies deux et trois fois par an ; on leur enlève le duvet sous le ventre, autour du cou et sous les
ailes ; on peut plumer les oies à l'âge de 2 mois 1/2 ou
3 mois ; il faut faire sécher la plume au four pour
qu'elle se conserve sans altération.

Les grandes plumes des ailes ne sont arrachées
qu'après la mort des oies ; avant l'invention des plumes
d'acier, on se servait exclusivement de ces plumes
pour écrire ; aujourd'hui, elles sont délaissées.

La chair de l'oie est lourde et un peu huileuse ; on
engraisse les oies en les gavant avec des boulettes de

farine d'orge ou de blé mélangée de lait ; l'engraissement dure de 15 à 20 jours.

Dans la contrée, on élève l'oie grise de Toulouse, de Chartres, ou celle plus grise, au cou plus long, dite de Guinée.

Pigeon. — *Les pigeons* peuvent se diviser en pigeons de colombier ou colombereaux : pigeons voyageurs, et pigeons de volière, qui contiennent une foule de variétés.

Le colombereau n'est pas très fécond, mais son entretien est peu dispendieux, parce qu'il pourvoit, pour ainsi dire, seul à sa nourriture, qu'il va chercher au loin dans la plaine, en ramassant les grains laissés sur le sol ; cependant il est indispensable de leur donner du grain pendant l'hiver, soit de la vesce ou du sarrasin dont ils sont friands ; la femelle fait trois pontes par an, et couve 2 semaines 1/2.

L'utilité du pigeon voyageur n'est plus à signaler ; c'est un messager prompt et fidèle, appelé à rendre les plus grands services ; aussi doit-on considérer comme une méchante action le fait de tuer un pigeon égaré ou fatigué ; on doit au contraire lui offrir de la nourriture, et le laisser libre ensuite de reprendre sa route ; on l'élève et on le nourrit comme le pigeon de volière.

Le pigeon de volière est de bon rapport ; chaque couple peut produire 8 ou 10 petits par an ; il est peu exigeant, réclame peu de soins, en dehors d'une bonne nourriture, composée surtout de vesce, de sarrasin, de colza. Les variétés en sont tellement nombreuses qu'il serait difficile de les énumérer ; signalons en passant les pigeons Romains (remarquables par leur grosseur), les Mautauban, les Bizets, les Boulants, les Mondains, les Queue-de-Paon, etc.

Après la basse-cour, je crois devoir dire un mot de l'*apiculture* ou *culture* des *abeilles* (mouches à miel), qui devrait occuper une place plus importante dans les exploitations, d'autant plus qu'elle n'entraîne à aucuns frais, et n'exige qu'une dépense insignifiante d'installation ; un abri pour le rucher composé d'une ou plusieurs planches pour supporter les ruches, et c'est tout.

Les abeilles fournissent le miel et la cire, et c'est à bon droit qu'on les signale comme un modèle de travail et d'habileté ; le mouvement qui se fait autour de la ruche est bien le symbole de l'activité d'une grande ville industrielle.

Le rucher doit être exposé au soleil levant, car l'abeille est matinale ; la ruche est une espèce de panier fait le plus souvent avec de la paille de seigle roulée et reliée avec des liens de ronce ou d'osier; on la fait aussi en forme de boîte, que l'on divise par cadres mobiles faciles à enlever et à replacer.

Il y a des apiculteurs qui transportent leurs ruches soit dans les bois où il existe des bois résineux ou des saules, soit aux abords des champs de colza, de sainfoin, de trèfles.

Pour extraire le miel, quelques personnes font mourir les mouches, et recueillent les rayons ou gâteaux qu'elles placent sur des claies pour les faire égoutter ; le miel tombe dans un vase ou récipient, on le laisse reposer ; puis les rayons sont ensuite mis dans des sacs que l'on passe sous la presse ; on obtient alors du gros miel, dit miel à cheval ; les rayons ou gâteaux étant ainsi pressés, on en tire la cire en les faisant fondre sur un feu doux ; on coule la cire dans des moules ; on peut ne supprimer que quelques gâteaux dans une ruche.

D'autres apiculteurs ont adopté les ruches à cadres mobiles ; ils évitent ainsi beaucoup de peine aux abeilles, qui n'ont plus à refaire les rayons ; en effet, on enlève un cadre plein de miel, et on le remplace par un autre dont le gâteau a été débarrassé du miel par le procédé suivant : on place les gâteaux dans un extracteur centrifuge ; des fils les maintiennent contre l'axe, et le mouvement de rotation suffit pour projeter le miel contre la paroi de l'extracteur ; il ne sort ainsi que le miel de première qualité des alvéoles dont on a eu soin de briser, avec un peigne en cuivre, la petite membrane ou opercule qui les ferme ; les gâteaux restent entiers, et sont de nouveau confiés aux abeilles, auxquelles on évite ainsi beaucoup de travail ; mais alors on ne fait pas de cire.

On peut mettre une calotte ou hausse aux ruches, on obtient de plus beau miel ; on évite ainsi l'essaimage, les mouches ne se nuisent plus dans leurs travaux, et peuvent monter dans la calotte par une petite ouverture qui la met en communication avec la ruche.

L'essaimage est la division d'un essaim devenu trop nombreux ; les mouches nouvellement nées s'éloignent de la ruche-mère sous la conduite d'une reine ou mère ; en plaçant une ruche vide à côté, on peut décider les mouches à s'y fixer, autrement elles s'envolent et vont se fixer, à une distance plus ou moins grande, contre un mur ou sur une branche d'arbre, où on les recueille. Lorsqu'on s'aperçoit qu'un essaim est

pour partir, ce qu'annoncent un plus grand mouvement auprès de l'entrée de la ruche où les mouches
s'amassent, et un bourdonnement plus accentué qu'on
appelle le chant de la reine, il est bon de se tenir sur
ses gardes pour empêcher l'essaim de trop s'éloigner ;
quand les abeilles s'envolent, on leur jette du sable ou
de l'eau, ce qui les contrarie et les force à s'arrêter ;
on frappe sur une poêle ou un chaudron, non comme
on le croit généralement parce que le bruit les fait
s'arrêter, mais pour indiquer que l'essaim est la pro-
priété de celui qui le suit, car la loi lui donne le droit
d'aller cueillir l'essaim là où il se fixe et s'il ne l'a
perdu de vue ; c'est comme s'il criait : C'est à moi,
c'est à moi, cet essaim-là !

L'apiculture demande beaucoup d'attention, et l'observation en apprend bien plus que les conseils sur la
manière de traiter les abeilles, généralement très
familières et très douces vis-à-vis des personnes qui
les soignent. Il y a des ouvrages spéciaux qui traitent
de cette matière sur laquelle nous ne pouvons donner ici que des indications très sommaires

— *Quels sont les animaux, oiseaux et insectes nuisibles à l'agriculture ?*

Les animaux carnassiers, comme : la belette, la fouine,
le putois, qui sont la terreur de la basse-cour ; ils mangent les œufs, les poussins, quelquefois même les
volailles et les lapins ; on les détruit au fusil ou à
l'aide de pièges ; le renard, qui attaque également les
volailles et le gibier ; il vit dans les bois où il se creuse
des terriers, dans lesquels on le prend à l'aide de petits
chiens qui l'y poursuivent, le harcèlent et, en indi-

quant exactement l'endroit où il se trouve, permettent aux chasseurs de le déterrer ; on détruit encore les renards à l'aide d'appâts empoisonnés que l'on place aux abords des bois où ils ont élu domicile ; le blaireau, qui se creuse également une demeure souterraine, d'où il est plus difficile à déloger que le renard; le loup, qui décimait les troupeaux, a presque complètement disparu de la Seine-Inférieure ; la loutre, très avide de poisson, visite les rivières qu'elle dépeuple ; les membranes qu'elle a aux pieds lui permettent de nager très vite ; le rat d'eau a à peu près les mêmes mœurs que la loutre, il détruit le petit poisson dans les rivières; le long des berges, il se creuse des trous ; le sanglier ou cochon sauvage, animal nomade, qui retourne les champs, surtout ceux qui sont ensemencés en pommes de terre, pour y trouver sa nourriture ; les cerfs, les chevreuils, les lapins, qui causent parfois de sérieux dégâts dans les récoltes avoisinant les bois dans lesquels ils sont cantonnés ; on chasse le lapin au fusil ; il se prend encore dans des poches placées à l'entrée des terriers dans lesquels on fait passer des furets ; la taupe, que les uns considèrent comme un animal utile, parce qu'elle détruit beaucoup d'insectes, tandis que d'autres soutiennent qu'elle est plutôt un animal nuisible, parce qu'elle coupe les racines des végétaux, sinon pour les manger, au moins pour creuser ses galeries dont elle rejette la terre au dehors, en formant de petits monticules qui rendent l'exploitation des récoltes plus difficile; les petits rongeurs, comme : le rat, la souris, qui vivent dans les bâtiments de la ferme où il s'attaquent à tout ; on s'en débarrasse par les appâts empoisonnés, ou en entretenant un certain nombre de chats; le mulot, le surmulot et le campagnol, qui demeurent aux champs ; ils mangent les récoltes sur pied et creusent de nombreuses galeries dans le sol qui est parfois percé comme un crible; il est assez difficile de s'en débarrasser; la fonte des neiges les surprend quelquefois dans leurs retraites, où ils se trouvent noyés ; la musaraigne, qui vit également de grain ; le lérot ou rat baillot qui se nourrit de fruits ; il niche dans les trous des murs où il reste engourdi pendant la saison des froids, ce qui fait dire qu'il dort pendant 6 mois de l'année.

Au nombre des oiseaux nuisibles, on trouve : les buses, les éperviers, les tiercelets, les émouchets, tous oiseaux de proie à vol très rapide; ils détruisent le petit gibier, les oiseaux et les jeunes volailles ; le coucou qui n'apparaît qu'au printemps, au moment où les oiseaux font leur nid, qu'il détruit, en dévorant les œufs qui s'y trouvent; les pies, pies-grièches, geais, corbeaux, qui détruisent aussi beaucoup de petits oiseaux ; les corneilles, qu'un vote du Conseil général permettait de tuer à cause du mal qu'elles causent aux récoltes surtout au moment des ensemencements tardifs de l'automne, ou des premiers ensemencements du printemps, qu'il faut quelquefois recommencer à cause d'elles ; cependant elles dévorent beaucoup d'insectes, notamment les hannetons et leurs larves. Les pigeons ramiers font un tort considérable aux plants de colza, dont ils dévorent les tiges ; les grives sont très avides des baies du gui (brou), dont elles favorisent la propagation, en transportant sur les pommiers et les peupliers les graines contenues dans les baies ; ces graines se retrouvent dans les excréments de ces oiseaux ; elles semblent même avoir acquis une plus grande force de végétation, après avoir traversé le tube digestif des grives.

Parmi les insectes nuisibles, il faut comprendre tous les limaçons et limaces, qui mangent les jeunes pousses des plantes en général ; le taupin, appelé encore fil de fer, ou caoutchouc, qui exerce de grands ravages dans les céréales, qu'il dévore dès leur levée, et même jusqu'à ce qu'elles aient acquis un assez grand développement ; on ne connaît jusqu'à présent, aucun moyen de s'en préserver ou de le détruire ; les mans, ou vers blancs, qui sont les larves des hannetons, sont de tous les insectes ceux qui causent les plus grands ravages à l'agriculture ; ils s'attaquent à tout, et la plante dont ils coupent la racine est vouée à une mort à peu près certaine ; on a vu mourir des pommiers même, dont ils avaient rongé les racines ; les mans restent pendant 3 ans à l'état de larves, mais c'est surtout à leur 2e année qu'ils font le plus de mal ; pendant l'hiver, ils s'enfoncent dans le sol à des profondeurs variables, et suivant l'intensité du froid, qu'ils semblent prévoir ; ils remontent au printemps, et recommencent à dévorer les récoltes ; la 3e année, ils sont transformés en hannetons ; ils sortent de terre au printemps ; ils dévorent les feuilles des arbres, surtout celles des hêtres et des chênes ; ils s'en prennent aussi aux fleurs des pommiers ; l'accouplement a lieu, et la femelle va déposer ses œufs dans la terre, où elle s'enfonce à 2 ou 3 centimètres ; les mans éclosent vers le mois de juin, commencent à manger les racines des plantes ; puis, à l'automne, ils s'enfoncent dans le sol, pour revenir au printemps suivant tout dévorer. Le seul moyen d'en voir diminuer le nombre, c'est de les ramasser à l'état de mans ou de hannetons, car on ne connaît aucun agent de destruction qui puisse être utilement employé contre eux.

On a conseillé de herser les terres aussitôt qu'elles sont débarrassées des récoltes ; les petits mans sont encore près de la surface du sol, la herse les retourne à l'air et à la lumière, qui les font mourir.

Les courtilières, que l'on désigne encore sous le nom de taupettes à cause de la facilité prodigieuse avec laquelle elles s'enfoncent dans le sol, bouleversent les semis dans les jardins ; elles s'en prennent surtout aux carrés de pois, qu'elles détruisent ; on se débarrasse de cet insecte en enterrant dans le sol des pots assez profonds, à paroi très lisse, dans lesquels il tombe, sans pouvoir en sortir ; les pucerons, la puce de terre, qui dévorent les lins, les colzas, les vesces à leur levée ; l'altise qui mange les fleurs du colza, des choux, des navets ; on a vu des récoltes entières disparaître par suite de l'invasion de cette petite bête, qui se laisse choir par terre dès que l'on touche la plante qu'elle est en train de dévorer ; le puceron, qui ronge les petites feuilles des plantes au moment de leur levée, a reçu le nom de puce de terre, parce que, lorsqu'on marche dans le champ, on le voit sauter devant soi ; sur les fleurs, sur les plantes, on voit apparaître beaucoup de petits insectes auxquels on donne le nom de pucerons ; ils leur causent de grands dommages, les font quelquefois mourir, et dans tous les cas les empêchent de pousser.

On se débarrasse de ces pucerons ou insectes par

des aspersions ou par des fumigations au tabac ; le puceron lanigère cause beaucoup de mal aux pommiers ; certaines variétés y sont plus exposées que d'autres ; l'espèce de duvet dans lequel s'enveloppe ce puceron, rend sa destruction très difficile.

Les chenilles, larves du papillon, dont les variétés sont assez nombreuses, s'attaquent aux arbres à fruits, aux haies d'épines, qu'elles dépouillent complètement de leurs feuilles ; on combat leur invasion en saupoudrant de chaux les végétaux ou en les aspergeant de jus de tabac étendu de son 30e d'eau, ou d'eau de savon : il en est qui dévorent les choux ; on les éloigne de la même manière que celles des haies : presque chaque plante a un papillon et une chenille qui lui sont spéciaux. Les chenilles déposent leurs œufs sur des feuilles qu'elles enroulent en forme de bourses ou poches : des arrêtés obligent à l'échenillage, c'est-à-dire à l'enlèvement des bourses, avant l'éclosion des œufs, qui a lieu au printemps. Il y a une nombreuse variété de chenilles, toutes très nuisibles ; le bombyx, le cossus, qui s'en prend plus particulièrement aux ormes, qu'il perfore, et dont il détermine la mort ; ses ravages sont si graves en certains endroits qu'on a dû renoncer à replanter des arbres de cette essence.

Les scarabées et les escarbots qui ne se contentent point de fouiller les fumiers ou les terreaux pour y déposer leurs œufs, mais qui rongent encore les racines des jeunes plantes : l'alucite ou teigne, les charançons (calandre, mite), qui percent le grain de blé pour dévorer la farine qu'il contient. (Voir blé, page 64).

Les sauterelles, les grillons, les criquets, qui s'en prennent aux prairies ; les fourmis que tout le monde connaît ; les anguillules, que l'on trouve dans le grain de blé, dont la forme se trouve modifiée et prend une teinte noire ; on l'appelle vulgairement blé dégénéré (voir maladies du blé) ; le tigre du poirier mange les feuilles, qui deviennent comme couvertes de taches ; on s'en débarrasse avec le jus de tabac ; l'antonôme du pommier, une mouche qui, au printemps, dépose ses œufs dans les fleurs du pommier et les fait tomber ; la nématode et le sylphe des betteraves, petits insectes qui s'en prennent soit aux feuilles, soit à la racine.

Les frêlons, les bourdons et les guêpes, espèces d'abeilles sauvages, dont la piqûre est dangereuse ; cependant ils n'attaquent pas, mais se défendent violemment lorsqu'on les trouble dans leur repos ; les mouches, les taons, les œstres, les acares, les tiques, les poux, les puces et les punaises, etc., qui sont des petites bêtes fort désagréables pour l'homme ou les animaux.

Chapitre VIII.

Produits.

— Quels sont les principaux produits agricoles du pays et leurs débouchés? — Quelle est la destination donnée au lait et à la crème? — Combien faut-il de litres de lait pour un litre de crème? — Combien de lait ou de crème pour un kilogr. de beurre? — Comment le fabrique-t-on? — Qu'est-ce que le fromage, et comment procède-t-on à sa fabrication? — Qu'entend-on par cidre et poiré? — Quel est le mode de fabrication? — Quels soins doit-on y apporter? — Quelles précautions doit-on prendre pour leur conservation? — Quels sont les fruits les plus recommandables? — Qu'entend-on par eau-de-vie de cidre ou de poiré? — Comment la fabrique-t-on?

Les *produits agricoles* les plus importants, en dehors de la viande, de la laine, des racines, du lin, du colza, des fourrages et des céréales, sont: le lait, la crème, le beurre, le fromage, les pommes et les poires, le cidre, le poiré, les eaux-de-vie de cidre et de poiré.

Les *bestiaux gras* se vendent sur pied, à prix débattu entre l'acheteur et le vendeur, qui apprécient, chacun de son côté, le poids probable de viande nette que l'animal rendra après sa mort; ce mode de vente donne lieu à des surprises ou à des erreurs, et il serait à souhaiter que l'on arrivât à vendre le bétail au poids vif, la qualité étant facilement appréciable; quelquefois aussi l'animal est vendu au kilogr. de poids mort.

Les principaux marchés pour bestiaux gras sont, dans la Seine-Inférieure : Rouen, le Havre, Lillebonne, Dieppe, Forges, Gaillefontaine ; les volailles, objet d'un grand commerce, sont vendues à la pièce.

Les céréales se vendent généralement au quintal ; pourtant la règle n'est point partout appliquée, et l'on constate, à regret, que, sur certains marchés, on vend encore : la farine au sac de 157 kilogr., le blé à l'hectolitre ou au sac de 160, 165 et 200 kilogr., l'avoine aux 75 kilogr., etc.; les lins en branches sont vendus au kilogr. ; ceux en graine, au quintal, comme le colza ; la laine, au kilogr. ; les betteraves à sucre, aux 1.000 kilogr., mais avec un minimum de dosage en sucre, au-dessus duquel le prix s'élève proportionnellement à l'augmentation du degré en sucre ; les betteraves fourragères, les carottes, les pommes de terre, au demi-hectolitre ou au poids: les grains se vendent aux halles ou sur échantillons ; la paille et les fourrages se vendent aux 100 bottes ou au quintal ; dans la vallée de la Seine, aux marchés de Duclair et de Caudebec-en-Caux, les foins sont vendus à la *quarre* de 23 bottes ; sur ce point encore, on ne peut que désirer l'unification de la vente aux 100 kilog.

Les graines de trèfles, luzernes, sainfoins, etc., sont vendues au quintal (la balle de 100 kilogr.), le son aux 100 kilogr., les fruits à cidre au demi-hectolitre (rasière) ou aux 1,000 kilogr. ; le lait, au litre, au demi-litre (mesure) ou aux deux litres (le pot); le beurre au demi-kilogr. (la livre) ou au kilogr.; les cidres à l'hectolitre ou aux trois hectolitres (le muid), les œufs aux 26 (quarteron) ou au cent. On conserve les œufs en les trempant dans un bain d'eau de chaux, ou en les tenant renfermés dans des cendres, du son, du plâtre ou de la chaux en poudre, de manière que l'air ne puisse les atteindre ; les fruits à couteau se conservent dans un appartement bien sec, et à l'abri de la gelée ; on place les fruits sur de la paille longue, ou sur des étagères à claire-voie ; les fruits à cidre doivent être également placés dans des lieux secs.

Les céréales et les autres grains sont placés dans des greniers bien propres et très secs ; pour les empêcher de prendre du goût, du nez, il est bon de les remuer souvent à la pelle ; on assure leur conservation en les mélangeant de balle (menue paille) de blé bien criblée ; le blé et le colza principalement sont exposés à être dévorés par le charançon ; il est bon de vendre de suite ces produits, car il est difficile de se débarrasser de l'insecte qui leur cause de grands ravages ; cependant on a remarqué que les feuilles de sureau, de lavande, lorsqu'on les mélangeait au grain, éloignaient le charançon ; la laine doit être placée dans un endroit sec et bien clos ; il faut veiller à ce que certains papillons ne viennent point y déposer leurs larves, car la présence du ver déprécie considérablement la laine ; les fourrages sont entassés dans les granges et greniers de la ferme, ou conservés en meules ; nous verrons successivement les précautions prises pour assurer la conservation de divers autres produits fabriqués dans l'exploitation.

— *Quelle est la destination donnée au lait et à la crème.*

Le lait, dès qu'il est tiré, est porté à la laiterie où il est coulé et mis dans des terrines en terre, vernissées

le plus généralement; on leur donne une forme
plus large au haut qu'au fond, afin de faciliter la
montée de la crème qui se fait en 24 ou 36 heures,
suivant les saisons. On a beaucoup perfectionné, dans
ces derniers temps, tout ce qui a trait à l'industrie
du lait; ainsi on a remarqué que la montée de la
crème est beaucoup plus prompte quand on refroidit le lait, qui a environ 30 degrés centigrades lorsqu'il sort du pis de la vache, et qu'on ramène,
aussi promptement que possible, sa température à
1 ou 2 degrés au plus; on obtient alors toute la crème
en 6 ou 8 heures, au lieu d'attendre 4 à 5 fois plus de
temps; on a dans ce but imaginé des réfrigérants qui
permettent d'arriver à ce résultat. Le réfrigérant est
composé de tubes superposés dans lesquels on fait
circuler un courant d'eau aussi froide que possible,
même glacée si on peut; le lait contenu dans un récipient placé au-dessus de l'appareil (fig.154) tombe en

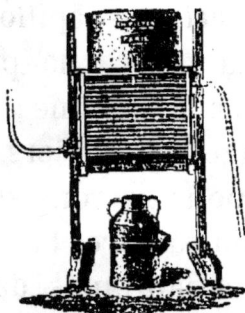

Fig. 154

nappe très mince à l'extérieur des
tubes, et est instantanément re-
froidi; cependant la crème ainsi
obtenue ne pourrait être barattée
de suite, parce que les ferments
qu'elle contient ne se seraient point
encore développés, et le beurre serait sans saveur.

On peut aussi séparer la crème
du lait dès qu'il est tiré, en em-
ployant l'écrémeuse centrifuge; c'est une turbine au
centre de laquelle se trouvent deux ailettes qui tournent à une vitesse prodigieuse, 4, 5 ou 6.000 tours
à la minute; le lait est projeté en pluie très fine

contre les parois de l'appareil, et s'échappe par un des
deux tuyaux, tandis que la crème sort par l'autre ; le
lait, déposé dans un récipient supporté sur un bâtis
en bois est amené dans la turbine au moyen d'un robinet qui en régle le débit. Il y a l'écrèmeuse mue

Fig. 155

Fig. 156

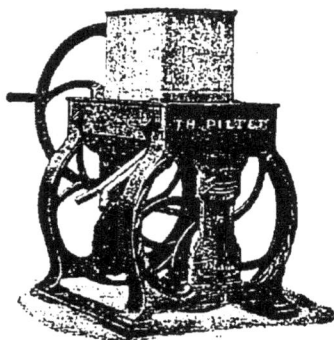

par un manège ou une machine à vapeur (fig.155), et
l'écrèmeuse à bras (fig.156); l'une et l'autre doivent fonctionner avec beaucoup de régularité ; une trop grande
vitesse ferait passer de la crème avec le lait ; il reste-
rait au contraire du lait dans la crème, si la marche
de l'instrument n'était point assez rapide ; l'avantage
de ce système d'écrèmage est de supprimer la laiterie
avec tous ses vases, qui exigent une si grande propreté; puis le lait, se trouvant écrèmé dès sa sortie
du pis de la vache, n'a pas le temps d'aigrir, et peut
être avantageusement utilisé pour la fabrication du
fromage maigre, ou distribué aux veaux d'élevage ou
aux porcs; dans ce dernier cas, on peut lui restituer
en partie sa richesse, en y ajoutant de la matière
grasse (du suif), en proportion de celle dont il a été
privé par l'écrèmage.

— Combien faut-il de litres de lait pour un litre de crème ?— Combien de lait ou de crème pour un kilogr. de beurre ? — Comment le fabrique-t-on ?

Lorsqu'on laisse le lait crémer dans les terrines, on écrème avec une grande palette en bois ou une écumoire ; puis la crème est déposée dans des pots, en attendant le barattage qui a lieu une, deux, et, dans les grandes exploitations, jusqu'à trois fois par semaine ; on introduit la crème dans la baratte ou sereine [1] que l'on refroidit en été ou que l'on échauffe, à l'aide d'eau chaude, en hiver, de façon que la crème arrive ou se maintienne à une température de 16 degrés environ ; la forme et la grandeur de la baratte sont très variables, suivant la quantité de crème; mais il ne faut jamais l'emplir au-delà des 2/3 au plus, car la crème gonfle, et la baratte serait insuffisante à la contenir ; la durée du barattage varie avec les saisons ; lorsque le beurre commence à se former, qu'il est en petits grumeaux, gros comme des têtes d'épingles, il faut le laver ; mais auparavant on le débarrasse du petit lait ou lait de beurre, qu'on laisse échapper au travers d'un tamis, pour qu'il n'entraîne aucune parcelle de beurre; puis on le bat légèrement avec l'eau qu'on fait échapper et qu'on renouvelle; lorsque le beurre est amassé, on le retire de la baratte, et on le dispose en pains d'un demi-kilog. ou en grosses mottes; la qualité de l'eau est une chose essentielle; il n'est pas de produit qui prenne, aussi vite que le beurre, un mauvais goût, si la propreté la plus grande ne préside à sa confection.

---

(1) Voir barattes, pages 83, 84.

D'après le procédé danois, on ne doit point employer d'eau pour délaiter le beurre; on le place dans une turbine, dont le mouvement très rapide suffit pour chasser le petit lait; ou bien on se sert d'un malaxeur (fig. 157), plate-forme circulaire à laquelle on imprime un mouvement de rotation au moyen d'un pignon qui commande en même temps un rouleau en bois, cannelé, qui presse le beurre après qu'il a été égoutté

Fig. 157

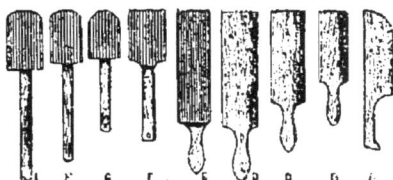

Fig. 158

dans une auge, et le débarrasse également du petit lait ; on ne touche point au beurre avec la main, mais avec des palettes en bois (fig. 158), ce qui est de beaucoup préférable à tous les points de vue.

Le beurre mis en petits pains est vendu sur les marchés voisins ; en grosses mottes, il est acheté par des marchands qui l'expédient ou le portent sur les marchés des grandes villes, ou l'envoient à Paris.

On compte qu'il faut 23 à 27 litres de lait pour faire un kilogr. de beurre ; le lait rend de 8 à 12 % de crème en moyenne.

On installe la laiterie en sous-sol ou au rez-de-chaussée ; dans ce dernier cas, il faut choisir une exposition au nord pour que le soleil ne l'échauffe point ; la température de la laiterie doit être de 11 à 12 degrés ; la plus grande propreté, on ne saurait trop le répéter, doit être observée dans la tenue de la laiterie, d'où on doit bannir tout objet ou tout produit étrangers ; à Isigny, contrée si justement réputée par la qualité de ses beurres, on ne souffre pas que la personne qui apporte le lait des étables ou de la prairie, pénètre dans la laiterie sans changer de chaussures. Les caves en sous-sol demandent à être de temps en temps badigeonnées au lait de chaux pour enlever l'odeur de moisi (remucre) qui peut s'y produire, par suite de la présence d'un champignon microscopique ; les caves doivent être éloignées des fumiers, trous à purin ou autres causes de mauvaises odeurs ; on n'y doit point non plus battre le beurre.

Pour colorer le beurre, quelques personnes emploient le jus de carottes rouges, la fleur de souci (merliton), ou des liquides préparés à cet effet ; la coloration du beurre le rend plus agréable à l'œil, mais c'est souvent au détriment de sa qualité.

Pour conserver le beurre on le sale [1], ou on le fait fondre ; le beurre de septembre est le plus recherché ; il se conserve mieux.

— Qu'est-ce que le fromage, et comment procède-t-on à sa fabrication.

Un autre produit qui tient une très grande place aussi dans l'industrie laitière, c'est le *fromage* ; celui que l'on fabrique le plus communément dans le département est le bondon de Neufchâtel ; on le fait avec du lait non écrémé, et on dit alors que c'est du fromage

---

(1) 80 gr. de sel pour un kil. de beurre, ou, suivant un procédé anglais, 53 gr. de sel, 13 gr. 1/2 de salpêtre, 13 gr. 1/2 de sucre en poudre pour un kil. de beurre.

à tout bien; si on le fabrique avec du lait plus ou moins écrémé, on l'appelle fromage maigre.

Lorsque le lait est tiré, on le porte à la fromagerie; on le coule dans des pots que l'on tient à une température normale et régulière, en les plaçant dans des auges garnies de foin; on mélange de la présure au lait pour le faire cailler ; la présure le plus habituellement employée est la présure liquide dont la composition est assez variable ; autrefois on se servait de *mayette de veau*, c'est-à-dire d'une partie du contenu de l'estomac du veau ; une boule, grosse comme une noisette, de cette matière suffit pour faire cailler 8 à 10 litres de lait.

Une fois caillé, le lait est versé dans des linges ou sacs en toile de chanvre, puis mis à égoutter ; après quoi, on place la pâte sous des presses, pour en extraire complètement le petit lait, qui n'est bon qu'à la nourriture des porcs; lorsque la pâte est bien pressée, on la pétrit, puis on lui donne la forme qui convient, en la tassant dans des moules *(gailles)* ; lorsque le fromage est retiré du moule, on le saupoudre de sel broyé très fin, et on le descend à la cave ; il est placé sur des claies (casiers), garnies de paille de seigle bien épluchée, puis tourné chaque jour ; il se développe un champignon qui forme la peau du fromage, on dit alors qu'il fleurit.

Il faut bien surveiller la fromagerie; s'il y fait trop sec, le fromage durcit ; si le local est humide, le fromage devient mou, il coule ; les ouvertures ou jours doivent être munies de toile métallique pour empêcher les mouches de venir déposer des vers sur le fromage, ils lui causeraient un tort considérable; cent litres de lait donnent environ 15 kilogr. de pâte ou 150 à 200 bondons suivant les saisons, et surtout, naturellement, suivant la grandeur des moules ; les bondons sont vendus lorsqu'ils commencent à fleurir, et aussi, mais plus rarement, lorsqu'ils ont vieilli, et sont affinés *(raffinis)*; ils sont d'une grande consommation dans le département de la Seine-Inférieure, et s'exportent au dehors.

On fait aussi des Malakoffs, des façon Camembert ; puis des fromages frais, dits fromages suisses, qui sont très estimés : ils proviennent d'une fabrication spéciale dont le procédé semble n'être connu que de MM. Gervais et Pommel, de Gournay.

Pour le Camembert, on verse le lait caillé dans des moules en fer-blanc percés de trous ; ces moules sont mis à égoutter sur une sorte d'étagère en ardoise, ou en pierre, à surface très unie, dans laquelle on a ménagé une petite rigole pour l'écoulement du petit lait. Lorsque le fromage est suffisamment égoutté, on le sale, et on le porte au séchoir, où il est posé sur des claies garnies de paille, ou de nattes de jonc; il faut éviter que la mouche ne s'introduise dans le séchoir; le fromage est ensuite descendu dans une autre cave, où on le laisse fleurir, c'est-à-dire se couvrir d'une espèce de duvet; puis la peau s'épaissit au fur et à mesure que le fromage s'affine.

Les meilleurs fromages se font en septembre, lorsque les vaches pâturent les regains de prairie ; ils se conservent jusqu'en avril et mai.

On fait des fromages de qualité supérieure, en ajoutant de la crème au lait.

— Qu'entend-on par cidre et poiré ? — Quel est le mode de fabrication ? — Quels soins doit-on y apporter ?

La fabrication du cidre est devenue aujourd'hui une industrie très importante et appelée à prendre encore de plus grands développements ; cependant elle est très défectueuse au point de vue des détails de la fabrication, du choix des fruits, et des soins apportés à sa conservation.

Ainsi que nous l'avons déjà dit, il faut, au moment de leur abattage, classer les fruits par variété ou tout au moins par époque de maturité ; les mettre à l'abri de la gelée, et ne les brasser que lorsqu'ils sont bien mûrs, ce que l'on reconnaît lorsqu'ils cèdent facilement sous le pouce et dégagent une odeur de fruit très accusée et très agréable.

On les broie soit dans un tour, espèce d'auge circulaire faite en bois ou en pierre ; une roue verticale, tirée par un cheval, et soutenue par un arbre qui la traverse et vient se fixer à un pivot, passe sur les pommes, les divise et les réduit en pulpe aussi fine qu'on le désire ; ou bien encore, on les fait passer dans un moulin ou broyeur (fig. 157) composé de deux cylindres cannelés, mû à bras ou à l'aide d'un manège ; la pulpe une fois obtenue est montée sur une plate-forme, dite faisselle (fig. 158) ; elle est disposée par lits successifs, d'environ 0,10 centim. d'épaisseur, et séparés par de la paille ; ou bien encore, elle est enfermée dans une espèce de claire-voie circulaire ; au centre du marc ou pulpe ainsi disposé se trouve une vis rivée au-dessous de la faisselle ; cette vis est munie d'un écrou qui vient presser sur des chouquets placés au-dessus d'une plate-

Fig. 157

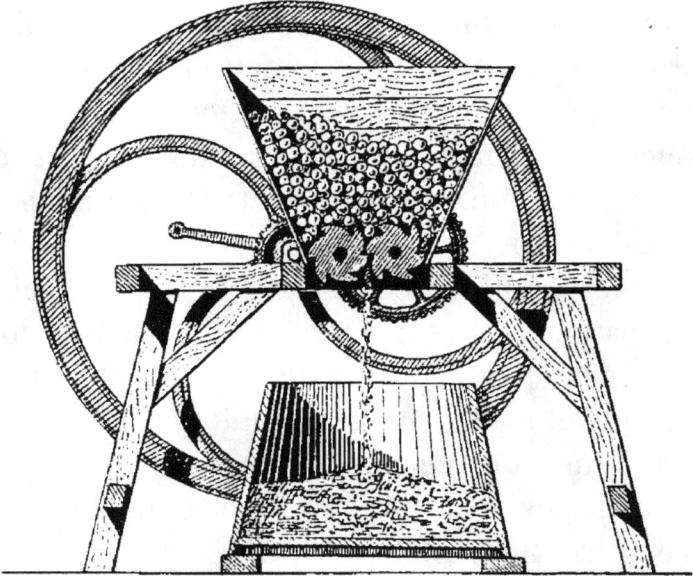

Fig. 158

forme mobile qui recouvre la dernière couche du
marc; la pression s'opère à l'aide d'un levier, et elle a
pour effet de faire sortir le jus des fruits. Dans les
grandes fermes, il existe encore des arbres dont l'un,
celui qui est placé sous la faisselle, est fixe; l'autre est,
au-dessus du pressoir, maintenu entre deux jumelles,
et repose sur une barre de bois dite poulain ; lorsque
cet arbre a été appuyé sur le marc, on le fixe avec des
clefs, et on opère le serrage au moyen d'une vis en
bois, munie d'une roue ou rouet.

Le jus des pommes tombe dans une cuve, puis il
est porté dans les tonneaux, où il est destiné à être
conservé ; il s'agit là de cidre pur que l'on obtient dans
la proportion de 1 hectolitre pour 4 à 5 hectolitres de
fruits, suivant les variétés ; lorsqu'on veut faire de la
boisson ou petit cidre, on ajoute aux fruits une
quantité d'eau proportionnelle à la force de la boisson que l'on désire avoir.

Après le premier pressurage, le marc est enlevé de
la faisselle, et jeté dans des cuves avec une quantité
d'eau quelconque mais suffisante, pour que le trempage s'opère bien; au bout d'une nuit ou d'une
journée, on remonte à nouveau ce marc sur la faisselle,
et on le presse comme la première fois ; après épuise-
ment, on le démonte et on le met encore tremper
pendant 12 à 24 heures ; afin de rendre le mouillage
plus complet, il est d'usage de repasser le marc au
broyeur ou sous la roue, pour bien le diviser avant de
le jeter dans la cuve avec l'eau; lorsqu'il a été remonté
sur la faisselle et pressé à nouveau, on coupe le marc
en gâteaux que l'on fait sécher pour les brûler ; ou on
le jette sur le fumier, qu'il améliore, ou bien encore

on le mélange avec de la terre et de la chaux pour en faire des composts, que l'on répand sur les herbages ou au pied des arbres; en le conservant à l'abri de l'air, en cuve ou en silo, on peut aussi le distribuer aux animaux, en le mélangeant avec les balles de grain, le son, etc. ; on en tire encore de l'eau-de-vie.

Lorsqu'on n'a qu'une petite quantité de cidre à faire, on peut le fabriquer par la méthode dite à *l'alambic*, par *déplacement*, *trempage*, *macération*, *lixiviation*. On met les pommes broyées ou coupées menu, dans une barrique défoncée par le haut, et posée debout; au fond, on place des morceaux de bois, ou un double fond pour empêcher que la pulpe vienne obstruer un robinet fixé sur une des douves au bas du tonneau ; on opère un premier mouillage, et il se produit un phénomène curieux ; l'eau, mise en contact avec les cellules de la pomme, en éloigne la matière sucrée, le jus dont elle prend la place; on soutire après 12 heures, et on a de la boisson très claire et très limpide; au bout de 2 ou 3 mouillages successifs, les pommes sont totalement épuisées.

Quelques tentatives d'application aux fruits à cidre du procédé de la dialyse ou de la diffusion continue, employé pour l'extraction du jus de la betterave, paraissent avoir donné d'heureux résultats ; s'ils se confirment, il faut s'attendre à voir se généraliser ce mode de fabrication plus expéditif, en même temps plus économique, et beaucoup plus propre.

— *Quelles précautions doit-on prendre pour leur conservation ?*

Nous avons dit qu'au sortir de la faisselle le cidre

13

ou jus des pommes est reçu dans des cuves où quelques personnes conseillent de le laisser fermenter; les matières lourdes tombent au fond de la cuve, pendant que les matières légères s'amassent à la surface; au bout de quelques jours la fermentation tumultueuse est achevée, et l'on entonne le cidre dans les futailles, bien nettoyées et soufrées, où une fermentation lente se continue ; on soutire ensuite.

Habituellement, on met le cidre dans les tonneaux dès qu'il est sorti de la faisselle ; il faut l'y laisser bouillir, c'est-à-dire qu'il s'opère une fermentation bruyante ou tumultueuse ; la lie tombe ensuite au fond du fût, et à la surface il se forme une nappe épaisse ou chapeau ; une seconde fermentation lente et silencieuse se développe ensuite.

Pour conserver le cidre sans altération, il faut bien rincer les fûts, et y brûler une mèche soufrée; lorsque le cidre a fermenté, il faut le soutirer et, pour l'empêcher d'aigrir, verser dans le fût de l'huile d'œilette ou d'olive, de l'huile de bon goût en un mot, destinée à le préserver du contact de l'air.

Le cidre est sujet à plusieurs maladies; il noircit ou se tue; on lui redonne sa belle couleur ambrée, en y mélangeant, par 6 hectolitres, 125 grammes d'acide tartrique étendu dans un litre d'eau.

Lorsque le noircissement provient de l'emploi d'une eau ferrugineuse, on y remédie en jetant dans le fût une poignée d'écorce de chêne rapée.

Lorsque le cidre reste trouble, c'est que la fermentation s'est mal opérée ; on fait dissoudre dans 8 à 10 litres de boisson, 1 kilogr. de cassonade ou de sucre brut, et on l'ajoute au cidre en le soutirant.

Si le cidre passait à l'aigre, il faudrait le désacidifier, en le soutirant, et en y ajoutant 25 grammes de cristaux de soude par hectolitre ; 5 grammes de cochenille en poudre, par hectolitre, donnerait un peu de couleur au cidre.

Quelquefois aussi le cidre *graisse*, c'est-à-dire qu'il devient filant comme de l'huile; 25 grammes de cachou par hectolitre suffisent pour faire disparaître cette maladie; on peut remplacer le cachou par 0 litre 35 d'alcool, 10 grammes de tannin, ou 20 grammes de noix de galle en poudre ; on fait dissoudre le tanin, le cachou ou la noix de galle dans un litre d'eau.

Mais ces diverses maladies sont presque toujours évitées quand on a soin de tenir les fûts très propres, et de les soufrer ; la température du cellier doit être régulière et uniforme.

Le poiré se fabrique comme le cidre, mais il se conserve plus difficilement.

On fait aussi des cidres mousseux que l'on met en bouteilles, lorsqu'ils sont complètement clarifiés ; il faut de préférence choisir des bouteilles en grès ou des bouteilles en verre dites champenoises, parce qu'elles sont plus résistantes et cassent moins souvent; le petit cidre ou boisson mis en bouteilles est très agréable à boire et très sain.

— *Quels sont les fruits les plus recommandables pour le pressoir ?*

Ce n'est qu'à titre de renseignement que l'on peut fournir cette indication, car chaque année, sont obtenues des variétés nouvelles, provenant de semis et dont quelques-unes sont, à l'analyse, reconnues supérieures aux anciennes ; les fruits à cidre se divisent, pour les

pommes, en fruits de : 1re saison (tendres), 2e saison
(2es tendres), et 3e saison (dures). Signalons par ordre
de mérite :

1re saison. — Saint-Laurent ; Secrétaire Pinel ; Va-
gnon-Legrand ; Baril ; Blanc-Mollet ; Doux-à-L'ai-
gnel (d'orange, de Vagnon, Gros Echallé, d'abricot);
Girard (gros blanc mollet) ; Griset doux ; Gros
Renouvelet ; Jaunet pointu ; Néhou ; Reine des Hâtives
(Dieppois) de Cimetière ; doux Rochet; Gros Court ;
Maria; petit Renouvelet ; Petite Sorte; Pomme de Miel ;
Railé Varin ; Saint-Martin ; Gros Muscadet, etc.

2e saison. — Amère de Berthecourt ; Barbarie
(monte en l'air) ; Fréquin rouge ; Long-Bois ; Martin
Fessart; Médaille d'or (Godard) ; Rouge Bruyère vrai ;
vice-président Héron; Argile nouvelle ; de Cat; docteur
Blanche ; doux Evêque ; Ecarlate ; Fréquin blanc ;
Haute Bonté; Amer-doux; Amer-doux gris; Beurrée ou
de sirop ; Coquerie ; Coquet blanc ; Croix de Bouelles ;
Gay rouge; de Grise; gros doux Veret (gros Diaume) ;
gros Fréquin ; gros OEil ; Muscadet; Paradis; petit
Girard ; Saint-Meu ; précoce David ; Ribaud blanc ;
Sauger, etc.

3e saison. — Julien Le Paulmier ; Bédan ; Fréquin
Audièvre ; Marie Legrand; Peau de Vache; de Boutte-
ville ; de Bramtot; Cl. Lesueur; Hauchecorne ; Mi-
chelin ; rouge Avenel ; Ambrette ; Amelet nouveau ;
Argile grise ; Binet blanc ; Binet gris ; Commandant
La Cassaigne; Doux-Amer; Dur au vent, blanc; Dur au
vent, rouge ; Galopin ; Germaine ; de Goudron ; grise
Dieppois ; Groseillier ; Haut Griset ; jaunet de Bray;
Marin Onfray ; Moulin à vent ; Odolant Desnos ; Or
Milcent ; petit Grisé ; Pomme à tanin ; Legentil ;

Marabot, Renault, Ridel ; Roquet rouge ; Rouge Bruyère; rouge Mollet; Rouget (pommes à glanes); Amelet
(Amelot); Amelet doux (Roquet d'Argueil); Amère à
glanes ; Amer et rouge (marin Onfray) Bec d'oie ;
Binet rouge ; Blanc Amer ; de Blangy ; de Châtaigne ;
de Clieu ; Doux-Amer rouge ; doux Fréquin ; doux Vé-
ret; Jeannot; Ognon; Petit fer gris; petite Amère; Rouge
Bruyère de Rouen (argile rouge); Rouge Rayée ; la
Rousse, etc.

Ce qui rend le classement encore plus difficile, ce
sont les noms divers donnés aux mêmes fruits dans
des contrées différentes.

POIRES DE PRESSOIR

Poire de Souris; Carizy blanc; de Huchet, de Branche;
de Cerciaux ; de Croixmare ; Harpanne ; Masuret ; de
Navet ; d'Oignonnet ; Rousselet ; de la Tour, etc.

*— Qu'entend-on par eau-de-vie de cidre ou de poiré?
— Comment la fabrique-t-on ?*

Avec le cidre et le poiré, on fait encore de l'eau-de-
vie, mais le plus souvent on se borne à en faire avec
les lies, ou même avec le marc ; à cet effet les bouil-
leurs vont, de ferme en ferme, avec un appareil portatif
appelé alambic, qu'il soit fixe ou portatif, l'alambic se
compose : d'un fourneau[15], au dessus duquel une
chaudière ou cucurbite[1] que l'on emplit par le trou
bouché par le boulon à vis[4]; la chaudière se vide par
un robinet placé à l'arrière, ou en l'enlevant du
fourneau.

Le chapiteau[5] est relié à la chaudière par un joint
hydraulique[2] fermant bien hermétiquement, et dont
le trop-plein s'écoule par un tube[3]; au-dessus du

chapiteau, il y a la collerette[9] et le col-de-cygne[6], qui se termine par un serpentin [10] traversant une cuve ou refrigérant[7] plein d'eau froide, renouvelée au moyen de l'entonnoir [11]; le trop-plein s'échappe par le tube du haut [12]; la cuve se vide par un robinet[13]; pour régulariser la cendensation, on se sert d'un robinet[8] qui envoie l'eau de la cuve dans la collerette.

C'est dans le serpentin [10] que les vapeurs alcooliques, après s'être élevées de la chaudière [1], être montée dans le chapiteau[5], avoir traversé le col-de-cygne[6], viennent se condenser par le refroidissement, et de là s'écouler par le tube [14] dans un vase où on les recueille (fig. 159).

Fig. 159

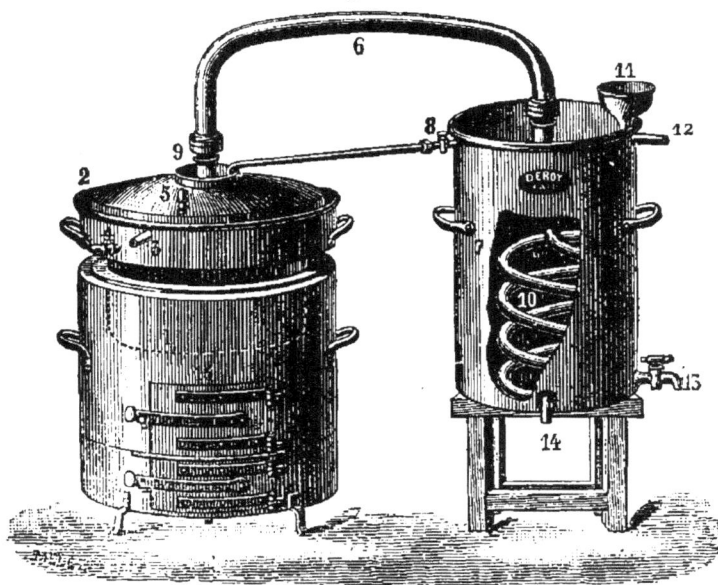

Au lieu de chauffer la chaudière à feu nu, on emploie avantageusement l'alambic au bain-marie.

On rectifie ensuite l'eau-de-vie de cidre, qui conserve néanmoins un goût très prononcé d'huile essentielle ; on dit qu'elle sent la chaudière.

On fabrique aussi de l'alcool de betteraves et de grain, du sucre de betteraves; mais cette fabrication doit être considérée comme une industrie dont l'importance et les détails sont trop grands pour pouvoir être compris dans un ouvrage élémentaire d'agriculture.

Disons seulement que les betteraves à sucre sont lavées, rapées à l'aide d'un coupe-racines spécial qui les coupe en cossettes très fines ; elles sont mises alors dans des bacs ou cuves où elles sont chauffées et mouillées avec de l'eau acidulée avec l'acide sulfurique, afin d'en obtenir la plus grande quantité de jus possible ; ce jus est ensuite clarifié, filtré et évaporé une première fois; puis on renouvelle ces trois opérations, après quoi on cristallise et on égoutte ; avant de passer dans la consommation le sucre égoutté doit être raffiné ; on est arrivé, à l'aide d'instruments perfectionnés, et en opérant sur des racines de choix comme richesse saccharine, à pouvoir tirer des betteraves 6 et 7 % de sucre brut.

Lorsqu'on veut en extraire du trois-six, il faut laver, raper, et chauffer les betteraves dans des appareils munis d'un chapiteau où la vapeur vient monter, pour delà, passer dans un serpentin où elle se condense par le refroidissement ; le rendement moyen des betteraves est de 5 % d'alcool; lorsqu'il vient d'être obtenu, l'alcool de betteraves ne serait pas utilisable, il faut qu'il soit rectifié ou distillé à nouveau.

Les pulpes ou résidus de betteraves ayant servi à la fabrication de l'alcool ou du sucre, sont distribuées aux bestiaux, particulièrement à ceux destinés à l'engraissement; on conserve les pulpes en silos.

Jardin potager.

Le jardin a, dans une exploitation agricole, une grande importance; et, lorsqu'il est bien dirigé et bien tenu, il procure de grands avantages, au point de vue de la nourriture du personnel.

Pour l'établir, il faut choisir une terre franche, et surtout profonde, bien exposée au midi ou au levant ; on lui donne les fumures les plus propres à accroître sa fertilité, à rendre le sol plutôt un peu léger, en augmentant la quantité d'humus ; les fumiers chauds (de cheval et de mouton), sont choisis de préférence ; on emploie aussi les composts faits de feuilles, d'herbes mélangées de terre et de chaux ; dans les terrains à base d'argile compacte, on marne à petite dose, et à des intervalles plus rapprochés que dans la grande culture ; on peut aussi employer la chaux en poudre, mais en faible quantité ; on sème encore des cendres, lessivées ou non, qui contiennent beaucoup de potasse ; de la suie, qui éloigne les insectes, etc. [1]

Lorsque les plantes, par suite de la sécheresse, lèvent ou végètent difficilement, il faut les arroser ; on peut avec avantage recourir, dans ce cas, aux engrais liquides purs ou mélangés avec de l'eau. Il est bon d'observer un certain assolement dans le potager, afin de ne point faire se succéder immédiatement des légumes qui empruntent au sol les mêmes

---

[1] Voir sol, sous-sol, amendements et engrais, page 11.

éléments, comme : les pommes de terre et les pois,
qui sont également avides de potasse ; il faut adopter
une rotation, et la suivre pour éviter cet inconvénient;
seuls les haricots peuvent être semés plusieurs fois à
la même place, mais en renouvelant la fumure.

Pour les cultures forcées, c'est-à-dire pour la culture
des plantes dont on désire hâter la maturité, on se sert
de cloches et de châssis posés sur des couches, sorte
de tas de fumier chaud, non pourri, et dont la fermentation est activée par de fréquents arrosages; la surface est recouverte d'une couche de terreau dans lequel
on sème les graines, ou dans lequel on repique les
plantes ; la chaleur de la couche et les arrosages acti-
vent considérablement leur végétation ; il y a encore
les bâches et les serres, mais elles ne sauraient trouver
leur place dans un jardin de ferme, le seul qui nous
occupe.

Les instruments de jardinage doivent être rangés

Fig. 160   Fig. 161

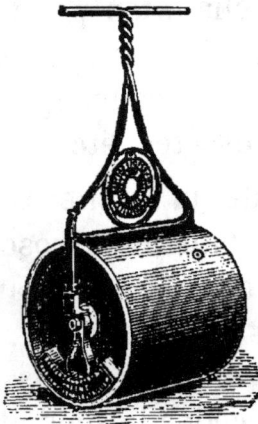

avec ordre et tenus très proprement ; les principaux
sont : la bêche, la fourche, la houe, le rouleau (fig. 160),
la tondeuse de gazon (fig. 161); le râteau, la ratis-

soire, le sarcloir, l'arrosoir, la serpette, le sécateur, etc. (page 79).

Le plus souvent le jardin est adossé à un bâtiment ; quelquefois, il est entouré de murs contre lesquels on plante, en espalier, des arbres fruitiers, tels que : poiriers, pêchers, abricotiers, etc. ; on palisse ces arbres, en leur donnant des formes différentes, en

Fig. 162   Fig. 163   Fig. 164

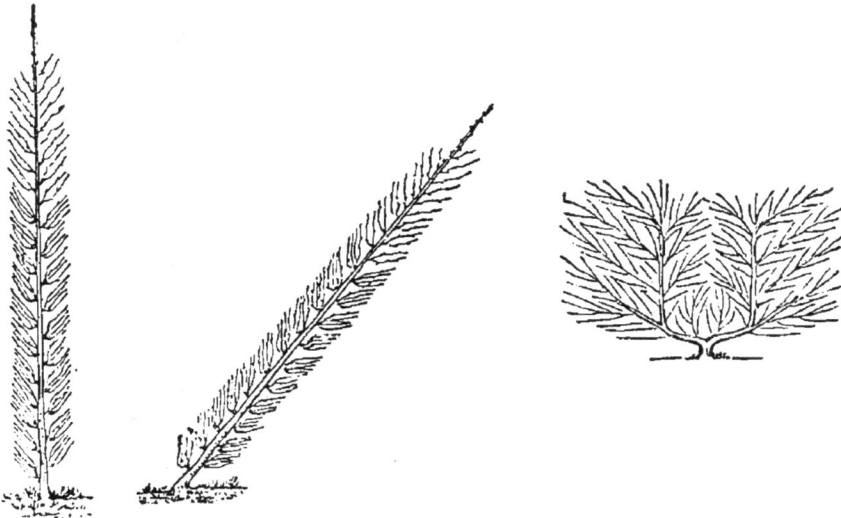

cordon vertical (fig. 162), ou oblique (fig. 163), en V, en U (fig. 164), en palmette simple (fig. 165) ou double (fig. 166), en éventail (fig. 167). La taille des arbres fruitiers exige beaucoup d'attention et des connaissances spéciales ; on taille les arbres à la fin de l'hiver ; le pincement des jeunes bourgeons, que l'on fait pendant l'été, a pour but d'entraver la marche de la sève.

Pendant que dans les fruits à pépins, les boutons à fruits ou bourgeons ne se présentent que sur des lambourdes qui sont plusieurs années à se former,

Fig. 165

Fig. 166

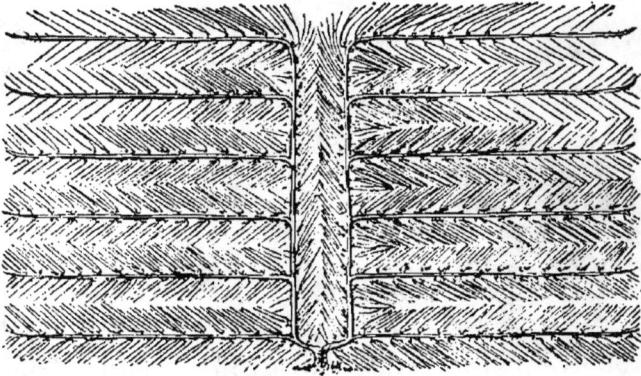

Fig. 167

ceux des pêchers ne se forment que sur le bois de l'année précédente ; il faut donc tailler en conséquence, et différemment le pêcher et le poirier ; on palisse les arbres en fixant leurs branches sur des treillages en bois ou en fil de fer, pour qu'elles continuent à pousser sans nuire à la maturité des fruits en les recouvrant.

Les arbres qui ne sont point appuyés contre un mur sont néanmoins susceptibles d'être taillés ; on leur donne la forme d'une pyramide (fig. 168) d'un vase ou gobelet, etc., etc.

Fig. 168

Presque partout on cultive la vigne, que l'on fait courir à la partie supérieure des murs; elle ne donne de raisin que sur le bois de l'année ; il y a aussi les groseilliers doux ou épineux, les cassis, les framboisiers, qu'on laisse généralement pousser en buisson; ce n'est qu'exceptionnellement qu'on les soumet à la taille.

Le jardin potager est divisé en plates-bandes ou ados de chaque côté de l'allée principale qui occupe le milieu, et sur les bords de laquelle on peut planter des fleurs variées, des rosiers ou autres arbustes d'agrément.

Il est des plantes qu'il est presque indispensable d'avoir dans un jardin, par exemple: l'oseille, si utile, et qui ne demande qu'un peu d'engrais, sans culture spéciale ; le persil et le cerfeuil, que l'on doit semer souvent pour en avoir en tout temps ; le thym, l'estragon, la pimprenelle.

Puis comme légumes, il faut semer dans la terre bien ameublie, ou même sur couche, des choux que l'on transplante lorsqu'il sont assez forts pour être mis en place ; il y a avantage à les transplanter en pépinière pour leur donner plus de force avant de les planter à demeure. Il y a les choux précoces ou d'York, les choux Cabuts, dont la pomme ou tête est grosse et tassée ; les gros choux de Saint-Saëns, excellente variété; les choux de Quevilly; les choux petits et gros de Milan, à feuilles frisées, et les plus recherchés; tous ces choux sont employés pour le pot-au-feu.

Chou Cabut.

Chou de Milan des vertus.

Chou de Bruxelles.

Chou-Navet en terre.

Chou-Rave hors terre.

Le chou de Bruxelles se cultive comme les précédents, mais au lieu de pommer, il pousse une tige haute de 0,80 cent. à 1 mètre, garnie, dans toute sa hauteur, de feuilles dans les aisselles desquelles naissent, et se reproduisent à mesure qu'on les cueille, de petites pommes grosses comme le doigt ; on les mange au beurre ou à la sauce blanche. Il y a encore le chou-navet en terre et le chou-rave hors terre, que l'on met dans le pot-au-feu. Les choux-fleurs et les brocolis se sèment et se cultivent comme les autres choux ; on peut avoir des choux-fleurs en tout temps.

L'un des assaisonnements le plus en usage est

Chou-fleur. Ognon jaune paille des Vertus Poireau court de Rouen.

assurément l'oignon ; on le sème dans une terre très ameublie et bien préparée ; on détasse en-suite le plant que l'on débarrasse des mauvaises plantes ; pour favoriser le grossissement des bulbes de l'oignon, vers la fin de l'été, on couche les tiges à la main, avec un râteau ou avec le pied ; lorsqu'il est mûr, ce que l'on reconnaît quand la tige se flétrit, on l'arrache, on le laisse se ressuyer, et on le met au grenier.

Au lieu de semer l'oignon, on peut en acheter pour le repiquer ; c'est de l'oignon semé en été et qui a passé l'hiver en pépinière, il réussit également bien ; à la sortie de l'hiver, on plante aussi de petits oignons, de l'échalote et de l'ail ; il y a l'oignon blanc, le rouge et le jaune paille.

Le poireau est encore un légume dont la culture est très étendue ; la variété grosse de Rouen est très renommée; on l'emploie pour le pot-au-feu.

Le poireau se sème en pépinière, il est ensuite transplanté ; après qu'on a coupé l'extrémité de sa tige et de ses racines ; il passe l'hiver en terre.

On cultive les carottes potagères comme les carottes fourragères ; les variétés les plus estimées, sont : la carotte courte, la carotte demi-longue sans cœur, la carotte rouge longue d'Amiens, de Saint-Valery.

Carotte rouge demi-
longue brune.   Carotte longue   Clierave rouge longue
potagère   Navet des Vertus race
Marteau

La betterave rouge, que l'on mélange avec les salades, est la seule cultivée dans les jardins ; sa culture ne diffère point de celle des betteraves ordinaires.

On cultive aussi les navets, ceux de Marteau sont très estimés. Les radis se sèment seuls ou mélangés à d'autres légumes dont la végétation est plus lente; on en sème pour en avoir en toute saison; il y en a de nombreuses variétés; les petits radis roses, les rouges à bout blanc, les gris, les blancs, les jaunes, les gros radis noirs, les violets, dits de Gournay, etc.

Au printemps, on sème les salsifis dont la racine est très estimée ; ils ne gèlent point et peuvent passer l'hiver en terre ; ils sont quelquefois durs et filandreux ; le scorsonère n'a point ce défaut ; il se cultive

comme le salsifis, et a l'avantage d'être, la seconde
année, tout aussi tendre et aussi savoureux que l'année
de sa plantation.

Une place est toujours réservée dans le potager
pour la culture des pommes de terre précoces ; on les
plante, à la fin de l'hiver ; elles donnent leur récolte
vers la fin de juin, ou le commencement de juillet ;
telles sont : la Vitelotte, la Marjollin ou de la Saint-
Jean, la royale Kydney, la feuille de frène, etc. ; on
plante quelquefois la pomme de terre en culture
dérobée, après une récolte de pois ; les variétés
communes sont ordinairement cultivées dans la
plaine ; pour conserver les pommes de terre destinées
à la reproduction, il faut les placer dans un endroit
très sec, à l'abri de la gelée ; il faut éviter de casser
leurs germes lorsqu'ils sont développés.

On doit cultiver plusieurs variétés de pois pour
s'assurer d'en avoir à cueillir tout l'été et même une
partie de l'automne ; les pois préfèrent la terre
légère, ils ne pourraient, sans désavantage, être
semés à la même place à moins de 3 ans de distance ;
cette plante est avide de potasse ; aussi les cendres et
les charrées qui en contiennent une grande quantité,
lui conviennent-elles comme engrais ; on sème les
pois en rayons espacés de 20 à 25 centimètres ; après
la levée on les bine, puis on les butte ; on les rame à
l'aide de branches d'arbres ; lorsque l'on détache les
cosses, il faut avoir soin de ne point maltraiter ou
casser la tige, ce qui compromettrait la reste de la
récolte ; il est mieux de se servir de ciseaux pour
couper les cosses ; pour avoir des pois très pré-

coces, on peut, dans un sol léger et bien abrité, les semer avant l'hiver.

Le haricot se sème au printemps ; il peut revenir plusieurs années de suite sur la même terre, sans que le rendement en soit diminué ; les variétés de haricots sont très nombreuses ; ils aiment la terre légère, et se sèment en lignes ou en touffes, ils sont très sensibles à la gelée ; après la levée, on les bine et on les rechausse comme les pois ; ceux que l'on sème en juillet peuvent encore être récoltés pour être mangés en vert, mais on ne pourrait en semer utilement plus tard, car les premières gelées les feraient disparaître ; il faut aussi éviter d'y toucher lorsque leurs feuilles sont mouillées, on leur causerait un grand tort.

Il y a des variétés naines, comme le flageolet, le mangetout ; des variétés à rames, comme le blanc de Soissons, le haricot Prud'homme, le haricot d'Espagne (rognon de coq), violet ou blanc, etc.

La fève de Marais (de Windsor, de Portugal, grosse fève, etc.), se sème de très bonne heure et en lignes ; elle est très rustique, mais peu délicate. Lorsqu'elle fleurit, on supprime ses extrémités pour faire grossir les grains, avancer et assurer la récolte ; cette plante est presque toujours dévorée par le puceron qui attaque d'abord la partie supérieure ; il suffit de la supprimer, ce puceron ne remontant pas une fois par terre.

La salade est une plante avantageuse à cultiver ; elle se sème rarement en place, le plus souvent sur couche d'où on l'enlève pour la repiquer ; les variétés sont extrêmement nombreuses, surtout dans les laitues qui se conviennent dans tous les sols ; on peut en avoir presque toute l'année; puis viennent la chicorée frisée, la scarole, le chicon, etc. ; l'hiver on a la mâche, dite salade royale, que l'on sème à demeure en août et en septembre ; elle se ressème souvent d'elle-même.

Le céleri se sème sur couche ou sous châssis ; le plant se repique dans des fosses de 25 à 30 centimètres de profondeur ; le fond des fosses est bêché et fortement fumé ; lorsque les feuilles du céleri ont atteint 30 à 35 centimètres de hauteur, on les lie, et on les butte, en approchant de la terre; on laisse à découvert le sommet des feuilles qui continuent à pousser, on butte à nouveau ; comme cette plante craint la gelée, il faut couvrir la butte avec du fumier ou de la paille; pour faire blanchir le céleri, on l'enveloppe encore de fougère.

Le céleri-rave se cultive de même, mais n'a pas besoin d'être butté, parce que la partie comestible de cet excellent légume qui est utilisée, est sa racine.

Les épinards sont d'une culture très facile ; ils se sèment en lignes ou en bandes vers la fin de l'été ; la tétragone se cultive de même et peut remplacer l'épinard.

L'asperge est une plante très estimée, mais elle ne figure que par exception dans le potager d'une ferme; elle ne commence à donner que trois ans après sa plantation qui ne peut réussir bien que dans les terrains légers; on creuse une fosse de 40 à 50 centimètres de profondeur que l'on garnit de fumier ; on recouvre de terre très fine, on place les griffes d'as-

perges dont on a soin d'étendre les racines ; puis on
recouvre de terre très fine également ; on laboure à la
fourche, on donne des binages renouvelés ; les
asperges peuvent donner pendant une dizaine d'années, en observant de ne pas couper ou cueillir toutes
celles qui sont sorties, mais en ayant soin d'en laisser
monter un certain nombre sur chaque pied ; on
coupe les tiges lorsque leurs graines se détachent,
c'est-à-dire à l'hiver.

L'artichaut aime les terres légères et profondes ; il
craint les fortes gelées et l'humidité ; il se reproduit
par les rejetons, radons ou œilletons ; les rejetons
placés dans une terre bien fumée reprennent même
sans racines, pourvu qu'ils aient un bon talon ; il faut
renouveler les plants tous les 3 ou 4 ans ; on les
plante en lignes espacées d'un mètre, et on laisse
également un mètre entre chaque pied.

La citrouille est très rustique et d'une culture très
facile ; on la sème, le plus généralement, en mai, et de
suite à la place qu'elle doit occuper, quelquefois on la
sème sur les tas de terreau ; elle demande beaucoup
d'engrais et des arrosages fréquents ; il lui faut un
grand espace de terrain, car ses tiges se traînent et se
développent beaucoup ; on les arrête quand les fruits
ont atteint un certain développement. Il y a la
citrouille jaune, de forme cylindrique, qui est quelquefois monstrueuse de grosseur ; les Giraumont,
bonnet de Turc, beaucoup plus petits, mais plus
estimés, etc. Le cornichon et le concombre se cultivent de même que la citrouille ; les premiers se récoltent à un état peu avancé de végétation.

Les tomates se sèment le long d'un mur à bonne

exposition du midi; on les palisse pour assurer la parfaite maturité des fruits.

Un seul mot sur la culture du melon et du cantaloup, qui rentre plutôt dans la culture maraîchère ou d'agrément; ils demandent plus de soins, d'attention et d'assiduité qu'on ne peut leur en accorder dans une exploitation agricole ; dès le mois de février, on sème sous châssis, ou en mars et avril sous cloche ; on sème en pot, puis on transporte avec soin dans du terreau, on protège la jeune plante avec une cloche que l'on soulève du côté du midi, pour lui donner de l'air ; on supprime la cloche lorsqu'il fait tout à fait chaud ; lorsque les melons ont deux feuilles, on les pince pour les forcer à se ramifier ; lorsque les fruits sont bien noués, on arrête la branche qui les porte à 3 ou 4 nœuds au-dessus ; on supprime également une partie des ramifications qui n'ont pas de fruits ; on retranche sans cesse les nouvelles branches inutiles ; on laisse quelquefois les melons sur la couche même où ils ont été semés, mais il faut avoir soin de soulever le châssis pour l'aérer convenablement ; on doit arroser tous les matins, mais sur le pied seulement, et non sur les feuilles des melons.

On cueille le melon lorsqu'il est parfaitement mûr, ce que l'on reconnaît quand il développe une forte odeur ; on le laisse achever sa maturation et se rafraîchir à la cave; on le mange lorsqu'il cède sous le doigt ; ce qui vient d'être dit du melon s'applique au cantaloup, qui n'est qu'une de ses nombreuses variétés.

Un des fruits les plus recherchés est la fraise; elle est très salubre, on la dit même très bonne contre les affections goutteuses et rhumatismales; ses variétés sont aujourd'hui innombrables; il y a les fraises remontantes, dites perpétuelles, qui donnent toute l'année, excepté pendant l'hiver, bien entendu; il y en a qui ne filent pas, c'est-à-dire qui n'émettent point de longs filets ou stolons, aux nodosités desquels se forment des pousses qui s'enracinent; les fruits sont petits, mais ont plus de saveur et de parfum que les grosses fraises; celles-ci sont plus précoces, il en est qui atteignent une grosseur remarquable, c'est un très beau fruit; les fraisiers sont aussi plus vigoureux.

On doit garnir le sol ou planche des fraisiers avec une forte couverture de paille longue, afin de conserver l'humidité au pied des plants, d'empêcher la terre de se tasser sous l'action de l'eau des arrosages, et les fruits de se salir au contact de la terre.

On multiplie le fraisier de semence, mais le plus souvent, presque toujours, en replantant les filets que l'on détache vers le mois de septembre; pour les fraises sans filets, il faut diviser la plante, et se servir des éclats ainsi obtenus pour refaire le plant. Si on ne supprimait point très sévèrement tous les filets au cours de la végétation, ils épuiseraient le fraisier qui ne donnerait pas de fruits; lorsque les fraises sont récoltées, on peut laisser les filets se développer en vue d'avoir du plant nouveau; il se fait un commerce très important de ce fruit, même pour l'exportation en Angleterre; le fraisier demande un terrain bien préparé, les terrains nouvellement remués ou défrichés lui conviennent beaucoup.

Au point de vue des fleurs à mettre en bordure le long des allées, le choix est considérable; il est bon de donner la préférence à celles qui, à un coloris brillant, joignent une grande rusticité; car dans une ferme on n'a souvent que fort peu de temps à donner au jardin, et certaines fleurs exigent beaucoup de soins et d'attention : les goûts personnels, la nature du sol, le climat seront les meilleurs juges à consulter pour le choix à faire.

On trouve également dans les jardins quelques plantes que l'on pourrait presque appeler médicinales; telles que le laurier, la lavande, l'absinthe, l'anis, la guimauve, les mauves, le pavot, le sureau, le tilleul, la violette, l'angélique, etc., dont les fleurs, les feuilles ou la racine, sont employées en infusions, en lotions, etc., etc.

On récolte ces plantes (fleurs ou feuilles), lorsqu'elles sont dans tout leur éclat ; on les fait sécher sur une claie placée à l'ombre, dans un endroit très sec.

Pisciculture.

— *Qu'entend-on par la pisciculture, et comment se reproduit le poisson ?*

L'art d'élever le poisson est désigné sous le nom de pisciculture ; cet art connu des Romains, était à peu près tombé dans l'oubli ; M. de Folleville, à Saâne-Saint-Just, et M. de Germiny, à Gouville, ont entrepris de le faire revivre dans la Seine-Inférieure, et le succès a couronné leurs efforts ; que de richesses perdues pour l'alimentation publique par suite de la disparition du poisson des cours d'eau si nombreux ; cette disparition est due à plusieurs causes ; d'abord au maraudage, si difficile à réprimer ; aux agents chimiques que de nombreuses usines déversent dans les rivières, etc. On pourrait cependant, grâce à la prodigieuse fécondité du poisson, arriver promptement à repeupler tous les cours d'eau, en recourant à la fécondation artificielle du frai des meilleures espèces de poissons; cette opération n'offre point de difficultés insurmontables ; un de nos bons poissons d'eau douce est certainement la truite; c'est en novembre et décembre qu'a lieu le plus souvent sa reproduction, et pour se procurer des œufs destinés à être artificiellement fécondés, il suffit de presser légèrement, d'avant en arrière, le ventre d'une truite prête à pondre ; les œufs qui en tombent sont recueillis dans un vase contenant de l'eau, et ensuite arrosés avec de la laite d'un mâle, obtenue de la même manière; au contact de l'eau fécondante, les œufs changent de teinte, et de transparents et jaunâtres, ils deviennent blanchâtres et plutôt opalins.

Une truite de 2 ans, pesant 125 grammes, peut fournir 600 œufs, et une truite de 3 ans, 700 à 800 ; la laitance d'un mâle suffit pour féconder les œufs d'une demi-douzaine de femelles.

Aussitôt les œufs fécondés, on les dépose sur des grillages placés dans de petits bacs superposés que traverse un filet d'eau vive et claire ; le développement des embryons dure environ quatre mois, et c'est généralement en mars ou avril que l'éclosion a lieu ; pendant 6 semaines, les truites nouvellement nées portent sous l'abdomen la vésicule ombilicale ou vitelline qui renferme les restes de la matière nutritive, analogue au jaune de l'œuf des oiseaux ; c'est d'abord aux dépens de cette substance que le frai se nourrit ; mais, lorsque l'absorption s'en est effectuée, le petit poisson a besoin d'autres aliments ; on lui donne de la viande pressée, du sang cuit et broyé, de la cervelle et des intestins de mouton écrasés ; on le change de bac, on le met ensuite dans un petit cours d'eau divisé en compartiments où les alevins sont groupés par taille ou grosseur ; lorsqu'ils ont acquis assez de développement et de force pour pouvoir se défendre contre leurs ennemis, on les laisse aller dans un étang ou une rivière; à un an, une truite pèse 125 grammes environ et 250 grammes à 2 ans ; les œufs fécondés peuvent se transporter à de grandes distances.

Le saumon se reproduit comme la truite ; ces détails sur la fécondation artificielle sont forcément très sommaires ; rien n'est plus intéressant que de voir et suivre la mise en pratique des procédés de reproduction pour chacune des diverses espèces de poissons qui peuvent vivre sous notre climat, dans nos cours d'eau ou nos étangs.

Chapitre IX.

Comptabilité.

— *Est-il utile, en agriculture, d'avoir une comptabilité ; quelle en est l'utilité ? — Quel est le meilleur mode et quels sont les principaux éléments de cette comptabilité ?*

La comptabilité n'est pas moins nécessaire en agriculture que dans le commerce et l'industrie'; le cultivateur doit pouvoir se rendre un compte exact de sa situation, des avantages de certaines cultures ou du profit qu'il tire de ses bestiaux ; si sa comptabilité est régulièrement tenue, elle comprendra le brouillard, le journal et le grand livre ; sur le premier, il inscrit toutes ses opérations journalières, ventes ou achats au comptant ou à terme, le paiement de ses loyers, de ses impôts, de ses frais généraux, etc., etc. Le journal n'est que la reproduction, la mise au net des articles du brouillard ; ces différents articles sont ensuite portés au grand livre à chacun des comptes particuliers qui sont ouverts.

Lorsque l'on veut savoir si une culture est productive, on porte à son débit, c'est-à-dire qu'elle doit, tous les frais de : culture, labour, fumure, semence, récolte, battage, loyer, impôts, tous ceux en un mot, qu'elle a pu occasionner ; puis on met à son crédit, c'est-à-dire que l'on porte à son avoir, tout ce qu'elle a donné comme grain, paille, fourrage, etc.; la balance résulte de la différence des sommes totalisées, du débit et de celles du crédit ; il y a bénéfice, si les chiffres du crédit sont plus élevés que ceux du débit ; il y a perte, au contraire, si l'addition des sommes portées au débit est plus élevée que celles des sommes du crédit, si, en un mot, on a plus payé que reçu.

A côté de ces trois livres principaux, il y aura autant de livres particuliers ou auxiliaires qu'on voudra pour faciliter et abréger la tenue de la comptabilité ; il y a le livre de caisse, celui des ouvriers et domestiques, celui de la laiterie, celui des semailles, des récoltes, des battages, celui des écuries, vacheries, etc., etc.

L'opération la plus importante en comptabilité est certes l'inventaire que chaque cultivateur devrait faire tous les ans à la même époque. Dans cet inventaire, qui n'est que l'exposé sincère de sa situation, il devra porter l'estimation de son matériel, de son bétail, de ses récoltes en terre ou en grenier, de son encaisse, de ses valeurs mobilières et immobilières, de tout ce qu'il possède en un mot ; du montant de cette estimation, qu'il devra faire très consciencieusement pour n'avoir point à s'illusionner sur sa position; il devra défalquer les dettes qu'il peut avoir contractées, les achats qu'il a faits à terme, et qu'il aura à payer plus tard ; il devra ajouter une somme pour la dépréciation et l'usure de son matériel; il fera alors la soustraction, la différence sera la représentation exacte de ce qu'il possède ; en comparant ce résultat avec celui de l'année précédente, il obtiendra une balance qui établira les bénéfices ou les pertes qu'il aura faites pendant l'année sur l'ensemble de son exploitation.

Les travaux si pénibles du cultivateur peuvent quelquefois lui faire négliger la comptabilité; on ne saurait cependant trop lui recommander de tenir au moins son brouillard bien en règle ; et plus tard, pendant les longues soirées de l'hiver, il pourra porter les différents articles au grand livre ; s'il était tellement absorbé par ses occupations qu'il ne pût tenir ses écritures régulièrement au pair, qu'au moins il ne néglige point son inventaire de fin d'année, afin de toujours connaître bien, et exactement, sa situation et les bénéfices ou les pertes qu'il a pu faire pendant l'année.

On a, suivant les circonstances ou les conditions spéciales dans lesquelles on peut se trouver, bien des moyens de simplifier ses écritures, sans les tenir en partie double ; on peut se servir d'un journal à colonnes qui dispense du grand livre ; chacun peut organiser sa comptabilité suivant ses préférences, mais on ne doit jamais négliger d'en tenir une.

FIN.

TABLE DES MATIÈRES

A

B

BIBLIOTHÈQUE NATIONALE

C

F

G

H

I

R

V

Rouen. — Imprimerie Émile DESHAYS et C°, 58, rue des Carmes.

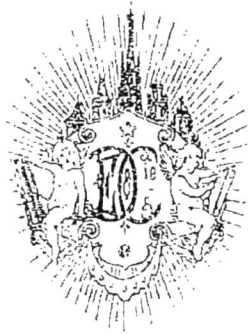

BIBLIOTHÈQUE NATIONALE DE FRANCE

3 7531 01665096 3

www.ingramcontent.com/pod-product-compliance
Lightning Source LLC
Chambersburg PA
CBHW061015280326
41935CB00009B/969